내가 사랑한 연암 燕巖

이홍식 지음

창연

내가 사랑한 연암燕巖

차례

- **서문** / 8
  - 내가 사랑한 연암(燕巖)·1 / 9
  - 내가 사랑한 연암(燕巖)·2 / 13
  - 내가 사랑한 연암(燕巖)·3 / 17

열하일기(熱河日記) 1부

- ● 범의 꾸짖음(호질虎叱 중에서) / 22
  - 길고양이와 나 / 27
  - 고등어찌개를 먹으며 / 30
- ● 호곡장론(好哭場論) / 33
  - 웃음을 잃은 사람들 / 37
- ● 일신수필 서(序) / 40
  - 다름과 틀림의 이해 / 43
  - 역사 속의 성공과 실패 / 46
- ● 장대에 오르기가 벼슬살이 같구나. 장대기(將臺記) / 49
  - 한국의 벼슬아치들 / 51
- ● 유리창(流璃廠) / 54
  - 나를 알아주는 사람 / 59
- ● 밤에 고북구를 나서며 야출고북구기(夜出古北口記) / 62
  - 후지(後識) / 63
- ● 하룻밤에 아홉 번 강을 건너다(一夜九渡河記) / 67
  - 우생마사(牛生馬死) / 71
- ● 왕민호와 나눈 말들. 곡정필담(鵠汀筆談)
  - 땅이 빛나는 까닭 / 73
  - 어떤 것에 집중한다는 것 / 76

- 8월 8일 갑인일(甲寅日) 日記 / 78
- 태학유관록(太學留館錄) / 83
- 종수곽타타전(種樹郭橐駝傳) 유종원(柳宗元) / 85
- 환연도중록(還燕道中錄)에서 / 91

  윤선도 고산유고(孤山遺稿) 육변문 / 94

  세상인심 / 96
- 말과 글 / 98
- 연암의 글 보퉁이 / 101

  글 쓰는 사람 풍경 / 106
- 천하의 형세를 논하다 심세편(審勢編) / 109
- 허생전(許生傳) / 112

  연암과 영혼의 춤을 / 118

  발분(發奮) / 121

내가 사랑한 연암(燕巖) 2부

연암집(燕巖集), 연암산문정독 / 126
연암에게 한 걸음 더 / 129
- 큰누님 박씨 묘지명 / 132

  내 누님 / 134
- 《중국인 벗들과의 우정》에 대하여 / 137
- 중옥(仲玉)에게 답함 / 138
- 예덕선생전(穢德先生傳) / 140

  친구가 많다는 것은 / 144

● 형암(이덕무)에게 보낸 편지 / 147
종북소선의 비평 / 147
나이 들어 하는 일 / 151
● 황윤지에게 사례한 편지 / 154
부모와 자식 / 154
● 필세 이야기(筆洗說) / 157
● 열녀 함양 박씨전(烈女咸陽朴氏傳) / 160
● 양반전(兩班傳) / 165
● 연암집(燕巖集)(신호열, 김명호 옮김) / 170
부끄러움을 모르는 사람들 / 174
● 연암의 북학의서(北學議書) 서문 앞부분 / 177
쉬운 일이 어렵다 / 179
● 홍덕보(담헌湛軒 홍대용洪大容)에 답함 / 182
가을 길 / 187
● 경지에게 답함·2 / 190
● 창애에게 보낸 답장 / 192
글과 사람 / 195
● 영재泠齋(유득공의 호)에게 답함 / 198
■ 술이 약해서 / 201
● 설날 아침에 거울을 마주 보며 / 205
⊙ 연암(燕岩)에서 선형(先兄)을 생각하다 / 205
우리에게 남은 시간 / 208
● 마장전(馬駔傳)·1 / 211
● 마장전(馬駔傳)·2 / 214

- 취하여 운종교(雲從僑)를 거닌 기록 / 220
  초책(俶幘)에게 보낸 편지 / 220
  비둘기의 만찬 / 223
- 한여름 밤에 모여 노닌 일을 적은 글 / 227
  넘쳐도 좋은 욕심 / 230
- 《형암이 글을 쓰고 도은이 글씨를 쓴 필첩》에 부친 서문 / 234
  글쓰기에 빠져서 / 236
- 초정집(楚亭集) 서문 / 239
  문장은 어떻게 써야 하는가?
  공작관(孔雀館) 글 모음 自序 / 240
  글이란 뜻을 드러내면 족하다
  내가 글 쓰는 일 / 242

■ 끝을 맺으며 / 245

서문

  3백 년 전 연암 박지원이 쓴 글을 읽으며 나는 때때로 그가 살았던 시대에 머물곤 했다. 그렇게 머물다 나도 모르게 연암의 세계에 빠지고 말았다. 처음엔 좋아하다 나중엔 사랑하게 되었다. 연암과 내가 글로서 하나가 되고 싶었다. 학교에서 배운 것 말고는 연암에 대해 아무것도 모르던 내가 오늘 같은 글을 쓰기 위해선 사랑하는 것만으로도 충분할 것 같았다. 한 사람을 사랑하게 되면 상대의 마음속으로 들어갈 수 있다고 생각했다. 사랑하면 세상은 달리 보인다. 사람들 속에서 늘 부대끼며 살던 내가 연암의 글을 통해 만들어진 창으로 지금 사는 세상을 바라보게 된 것이다. 전과는 전혀 다른 눈으로 세상을 볼 수 있었다. 연암의 집으로 들어가기 전 현관 앞에서 먼저 글 세 편을 쓴다. 짧은 서문에 덧붙이는 작가의 말로 대신하고 싶다. 셋으로 나눈 것은 중국을 연행할 때와는 달리 조선에서 쓴 글을 읽을 때는 전과 또 다른 모습이었다. 다소 지루할지 모르나 내가 왜 연암을 사랑하게 되었는지를 알게 해주고 싶다. 그러면 읽는 사람도 나처럼 연암을 사랑하게 될지도 모른다. 나의 간절한 바람이다.

  * 책을 1부와 2부로 나누었다. 1부는 열하일기(熱河日記) 편이고, 2부는 연암의 산문(散文) 편이다. ●기호는 연암의 글이고, ■는 내가 쓴 글이다.

내가 사랑한 연암(燕巖)·1

연암 박지원은 조선 시대 최고의 문호이자 실학자다. 조선 후기 문학사와 북학파의 대표적 사상가로서 시대를 통틀어 이만한 인물을 찾기 힘들 것이다. 박지원의 열하일기가 등장한 지 오랜 세월이 흘렀지만, 과연 이 여행기에 담긴 철학과 글쓰기의 경지를 넘어서는 여행기가 또 있을지 모르겠다. 나는 여태껏 이보다 나은 여행기를 한 번도 보지 못했다. 그나저나 옛것이 어째서 이리도 오늘 나에게 이런 감동을 주는지 참 알다가도 모르겠다. 세월이 흐르면 형식도 변하고 생각도 변하지만, 이 여행기가 변치 않는 이유는 이 강산 이 땅에 흙 밟고 살아온 사람들의 정서 때문일 것이다. 세월로도 씻을 수 없는 원형질로 남았다.

여기에 쓰고 있는 글은 연암에 관한 평전이 아니고 그렇다고 산문이나 소설도 아니다. 평론가나 비평가의 눈으로 쓴 글은 더더욱 아니다. 오직 연암에 관한 글을 쓰고 싶은 마음만으로 어떤 플롯도 없이 그냥 마구잡이로 또 내 마음 가는 대로 연암의 이야기에 화답하듯 글 밑에 내 생각을 덧붙였다. 오래전 연암의 글을 읽으며 유난히 내 마음을 끄는 글이 있을 때는 그 부분을 메모지에 옮겨 놓았다가 여러 번 반복해서 읽으며 사색하고 그런 다음 내 생각을 포개놓았다. 가당찮게도 보잘것없는 것으로 연암에 관해 글을 써 보겠다는 이런 내 모습이 다른 사람 눈에는 어떻게 비칠지 몹시 걱정되지만, 무식하면 용감하다는 말대로 정말 무식하기에 이처럼 용감한지도 모르겠다.

 이 글이 우리가 먹는 밥으로 치자면 상위에 정갈하게 차려진 음식이라기보다는 찌그러진 양푼이에다 이것저것 되는대로 넣어 만든 한 그릇의 비빔밥과 같을지도 모른다. 어찌 보면 상위에 잘 차려진 음식을 단정히 앉아 갖은 반찬을 골고루 먹는 밥이 아니라 앉을 자리도 없는 시장바닥에서 막노동꾼이 지게 짊어진 채 그냥 서서 먹는 밥이다. 허기진 사람에게 물어본다면, 어떤 밥이 맛있을까. 아마 내 생각에는 이런 마음이 아닐까 싶다. 격식을 갖춰 온갖 반찬이 차려진 밥상에서 단정히 앉아 먹는 밥보다는, 그냥 길가에 서서 먹는 국수 한 그릇에 김치 한 조각, 아니면 보리밥 한 덩어리를 물에 말아 풋고추를 된장에 찍어 먹는 것이 더 맛있다고 할 것이다.

 사람들이 나더러 이왕 쓸 것이면 조금 더 잘 쓸 것이지 왜 이렇게 썼느냐고 묻는다면 망설이지 않고 대답할 것이다. 오래전부터 '내가 사랑한 연암'이라는 제목으로 책을 쓰고 싶었다고. 남들처럼 모양 있게 쓸 능력은 안 되지만 그래도 연암을 사랑하기 때문이었다고. 또 다른 이유는 내가 연암을 사랑하기에 설령 형편없는 글이라고 해도 내 마음 그대로를 연암에게 전하고 싶었기 때문이라고. 퇴계 이황은 "고인도 날 못 보고 나도 고인을 못 뵈어, 고인을 못 뵈어도 가던 길 앞에 있네. 가던 길 앞에 있거든 아니 가고 어찌할까"라고 했으니 나 또한 연암을 따라가는 마음이 옛 선인의 마음과 같다. 이제는 나도 고인의 뒤를 따라가며 가끔 한 번씩은 길을 못 찾아 헤맬지는 몰라도 두 눈 부릅뜨고 따라가는 한 엉뚱한 길을 가지는 않을 것이다.
 지난날 옛 선인들의 발자취를 따라가는 것은 내가 과거를 알고 싶어 하는 것이고, 또 그것을 안다는 것은 그들의 삶 속에 나의 뿌리가 있음을 알아가는 것이다. 얕은 식견에다 눈까지 어두운 나 같은 사람이 오랜 시간을 연암에 관해 공부한 여러 교수와 학자들의 글을 빌려올 수 있었던 것은 정말 고마운 일이다. 거기에다 미숙하지만 있는 그대로 내 마음을 담은 나의 글을 덧붙이게 된 것은 내가 오래전부터 생각하던 일이기도 하다. 때로는 그들의 글을 빌려와 쓰기도 하고 또 어떨 때는 빌려온 것까지도 내 안을 돌아다니다 변화를 일으켜 내 것이 된 것도 있었다. 대신에 빌려온 것에는 반드시 그 출처를 밝혔다. 비록 보잘것없어도 내 가슴으로 쓴 것이니 그리 부끄러워할 일은 아니다.

 글을 읽다 보면 연암이 중국을 연행하며 보았던 각 지역의 성과 오래된 건물이나 사찰 등, 처음 보는 문물들에 관한 표현의 정밀함과 문학적 표현은 지금 우리가 본받아야 할 일이다. 사람들이 책을 읽으며 조금씩 연암을 알아가다 보면 그가 얼마나 큰 산맥 같은 사람인지 알 수 있지 않을까 싶다. 글이란 그 사람의 얼굴이다. 우리가 전화를 받을 때 전화기로 들려오는 목소리 하나로 그가 누구인지 대번에 알아차리듯, 글 하나만 보고도 그 사람의 어떤 부류의 사람인지 대충 가늠하는 것이 어렵지 않다. 나 또한 책을 통해 상상했던 연암의 모습이 내가 생각한 것과 크게 비껴가지 않을 거라는 믿음도 있었다. 그런 이유는 내가 연암의 글을 읽으며 그가 어떤 사람인지를 그려보는 일이 그리 어려운 일이 아니었다.

 나는 연암의 글을 읽으며 줄곧 이런 생각이 들었다. 문학을 공부하는 사람이면 누구든, 더구나 산문을 쓰는 사람이라면 반드시 연암을 알아야 한다는 생각이다. 물론 윤오영과 피천득, 그밖에 다른 수필가의 작품도 알아야겠지만, 그보다 연암을 모르고서는 산문을 쓴다고 자신 있게 말할 수는 없다. 연암을 조선 최고의 산문가라든가 문장가라는 수식에서 벗어나 그의 글을 읽으면 왜 후세 사람들이 그를 조선 시대 최고의 문장가라고 했는지, 왜 우리가 그를 알아야 하는지를 알게 된다.

 연암에 관해 내가 안다는 것은 정말 많이 아는 사람에 비교하면 새 발의 피다. 내가 그것을 알지만 그런데도 굳이 이 글을 쓰는 까닭은 글 쓰는 일만큼은 누구도 흉내 낼 수 없는 나만의 길이 있다는 걸 알기 때문이다. 그 길을 걸으며 얻은 사유를 모아 내 글을 쓰기도 하고, 다른 사람의 글도 끌어모아 마치 짜깁기를 하듯 조각보 하나를 만들어갈 생각이다. 비록 여러 가지 천 조각을 이어서 만든 조각보이기는 하나 눈 밝은 사람이라면 조각 하나하나에 깃든 천의 본래 모습을 읽을 수 있을 것이다. 그것은 내가 믿고 바라는 일이다.

내가 사랑한 연암(燕巖)·2

　오래전 여러 번 읽었던 열하일기를 또다시 읽는다. 책은 읽을 때마다 같은 책이 아니라는 말이 실감 난다. 아래에 쓴 글은 세 사람의 학자들이 엮고 옮긴 〈열하일기〉의 머리말 처음 부분을 옮긴 것이다. 내가 남의 머리말을 여기에다 옮기는 것이 썩 유쾌한 일은 아니지만, 글을 꼭 옮겨 쓰고 싶었던 까닭은 우리가 필요하면 성인(聖人)의 말을 마치 내 것처럼 끌어다 쓰듯, 정말 진실 되고 좋은 말이면, 다른 사람과 공유하기 위해서라면, 써도 괜찮다고 생각했기 때문이다. 그러니 남의 글을 인용하는 것을 두고 마음 불편해하거나 부담스러워할 일이 아니다. 또 한 가지 이유는 내가 이 책을 읽고 그것을 텍스트로 삼아 이 글을 쓰기 때문이다.

　"조선왕조 오백 년을 통틀어 단 하나의 텍스트를 꼽으라고 한다면, 나는 단연 〈열하일기〉를 들 것이다. 동서고금의 여행기 가운데 오직 하나만을 선택하라고 한다면, 나는 또한 〈열하일기〉를 들 것이다. 〈열하일기〉는 이국적 풍물과 기이한 체험을 지루하게 나열하는 흔하디흔한 여행기가 아니다. 그것은 이질적인 대상들과 뜨거운 '접속'의 과정이고, 침묵하고 있던 '말과 사물'들이 살아 움직이는 '발굴'의 현장이며, 예기치 않은 담론들이 범람하는 '생성'의 장이다. 그런 까닭에, 우리는 〈열하일기〉를 통해 아주 낯설고 새로운 여행의 배치를 만나게 된다."

이왕 내친김에 69세의 나이로 생을 마감하며 마지막 유언으로 "깨끗이 목욕시켜 달라"는 말을 남기고 고북구를 떠나듯 이 세상 밖으로 나간 연암은 다른 이의 묘비명은 숱하게 써 주었지만 정작 연암에게는 묘비명이 없다. 그런 이유로 연암의 글을 편역(編譯)하고 옮긴이들이 연암의 어법을 흉내 내어 바치고 싶어 했던 묘비명도 여기에 옮겨 쓴다.

"어릴 적 존재들의 시끌벅적한 향연을 즐긴 건 에피쿠로스를 닮았고, '친구에 살고 친구에 죽는' 우정의 정치학을 설파한 건 스피노자를 닮았으며, 웃음이야말로 삶과 사유의 동력임을 보여준 건 니체를 닮았으며, '투창과 비수'의 아포리즘으로 통념의 기반을 가차 없이 뒤흔든 건 루쉰을 닮았구나!"

더도 덜도 없이 내가 생각한 것 역시 이와 같았고 지금 쓰는 글에 옮겨놓겠다는 생각을 굳힌 것도 어쩌면 머리말 중 이 부분이 내 마음을 그대로 복사해놓은 것과 같았기 때문이다. 마음 같아서는 몇 장이라도 복사해서 여러 사람에게 나누어주고 싶다. 내가 여기에 다른 말을 덧붙인다 해도 조금이나마 더 나아질 게 없다. 굳이 내 생각을 더 한다면 분명 사족(蛇足)이 될 것이다. 지금 내가 쓰는 글도 이 책을 읽으며 얻은 사유를 모아 글 쓰고 책을 만들게 되었다. 무엇보다 그분들이 만든 책 열하일기는 "내가 사랑한 연암(燕巖)"이라는 글을 한번 써보겠다는 생각에 마중물이 되었다. 나는 그 마중물로 말미암아 연암이 1780년 5월 25일 한양을 떠났다가 같은 해 10월 27일 서울에 도착할 때까지 장장 반년에 걸친 여행을 마무리했듯이, 나 역시 연암과 함께하는 그 시간 '마음의 여행'을 할 수 있었다.

내 처지를 불교의 돈오(頓悟)에 비유한다면 나 같은 경우는 어느 한 부분 돈오점수(頓悟漸修)한 수행승과 같을 것이다. 내가 지금 어떤 것 하나를 깨쳤다는 것은 이제 막 태어난 아기의 모습과 같다. 이제부터는 나 자신의 노력으로 얻어지는 깨침을 통해 차츰 어른의 풍모를 닮아가야 한다. 아기도 사람이기는 하되 온전히 사람행세를 못 하는 것은 아직은 미숙한 게 너무 많아 성숙한 사람으로 대접 못 받기 때문이다. 지금 내 모습을 비유한다면 갓 태어난 아기이거나 아니면 이제 겨우 걸음마를 배워 한 걸음씩 발걸음 떼는 어린아이와 같을 것이다.

보조지눌(普照知訥)은 여러 가지 비유를 들어 돈오와 점수의 관계를 설명하고 있다. 그중 하나가 어린 아기와 어른의 비유다. "어린 아기가 금방 태어났을 때 팔다리며 모든 기관이 어른과 다름없이 다 갖추어 있지만 세월이 가고 자라야 어른처럼 팔다리를 쓰고 기관을 움직일 수 있다. 기관의 모양 자체로는 어른과 어린 아기가 조금도 차이가 없으나 그 기관을 쓸 수 있는 능력에는 큰 차이가 있다. 돈오는 아기의 탄생이며, 점수란 그 아기가 어른이 되기까지의 성장이며 개발과정이다. 그러므로 깨침만으로 모든 수행이 필요하지 않다고 하는 것은 마치 간난 아기가 어른행세를 하는 것과 다름없는 일이다."

내가 이것을 안다는 것은 아기가 걸음마를 배우면서 조금 있다가 걷고, 걷다가는 뛰는 법을 배운다. 그러다가 마라톤 풀코스를 완주할 수 있는 어른이 되기까지의 과정을 말하는 것이다. 차츰 세월이 가고 조금 더 나이 들어서는 천천히 걷거나 이따금 사물의 마음 안으로 들어가 쉬어가는 법도 알아가는 것이다.

연암의 글을 옮기며 어떨 때는 연암과는 시대가 엇비슷하거나 다소 차이 나는 선비들의 글도 옮겼다. 그들이 살았던 시대상황도 거의 비슷했지만 무엇보다 연암의 정신세계와 세상과 사물을 보는 눈이 거의 한 물길처럼 사유의 흐름이 같다는 생각이 들어서다. 이 글을 쓰며 내 생각을 담아 쓴 글도 연암의 글과 함께 나란히 옮겨놓았다. 그런 이유는 내가 쓴 산문이 연암의 생각과는 동떨어져 영 따로 놀거나 글의 핵심을 크게 비껴가지는 않을 거라는 생각 때문이다. 연암과 나의 사유 세계는 거의 비슷할지는 모르나 그 깊이는 하늘과 땅이라는 것을 안다. 이 같은 일이 나의 오만이나 건방짐이 아니라 연암의 마음 한 자락이라도 베끼고 싶은 열망이었다. 그와 함께 하는 동안 곁에서 내 마음을 물들이고 싶었다. 향 싼 종이에 향냄새 나듯이.

내가 사랑한 연암(燕巖)·3

 내가 연암을 좋아하는 것을 넘어 사랑하게 된 이유가 있다. 그 첫 번째가 연암을 만나고부터 나의 오만과 허영이 사라지는 것을 경험했기 때문이다. 연암은 글에서 어려운 철학이나 사변적(思辨的) 이야기를 하지 않았고, 공맹(孔孟)과 노장(老莊)을 거의 들먹이지 않았다. 그저 자신이 보고 느낀 대로 꾸미거나 치장하지 않고 사실 그대로를 알기 쉽게 이야기한 것이 마음에 와닿았다. 어떤 경우에도 자기를 들어내거나 과시하지 않은 점도 그렇다. 두 번째로는 연암의 사유 세계는 항상 서민적이면서도 깊고 편안하다. 덧붙인다면 너그럽고 따뜻하다. 큰 선비정신과 다른 사람에 대해 관용과 배려가 몸에 밴 사람이다. 관용이란 것이 뭔가, 문명의 자산이자 다른 사람에 대한 이해와 인정과 존중이다. 세 번째는 연암의 이야기에는 과학과 종교의 모순이나 그에 관한 이야기가 거의 없다. 이것이 내가 연암을 사랑하게 된 이유다.

 연암의 철학은 관념이 아니라 실천적 삶의 방식이다. 또한, 사물과 사람에 대한 철학적 사유는 어느 것에도 물들지 않고, 자아를 사회와 세계를 연대시킴으로써 이기적 자아에 스스로 갇히지 않았다. 다만 보편적 존재로서 선비 의식을 실현했다. 동양적인 것의 전범(典範)이라고 할 수 있다. 그것은 서양의 철학과 사상은 자기를 중심으로 하지만 동양의 사상이나 철학은 사람과의 관계가 중심이다. 나는 동양적인 것이 좋았고, 그런 점에서 연암의 글에서는 거의 모두가 사람과 자연 아니면 사람과 사람의 관계였다. 연암과 하인들의 관계가 그렇고 연행 중에 만나는 뭇사람들과의 관계도 그렇다. 참으로 인간적이고도 인간적인 관계의 연속이니 동양적인 것의 표본이라 하지 않을 수 없다.

열하일기 속에서 하인 장복과 마두인 창대와 연암 자신과의 이야기는 참으로 인간적이면서도 슬픔과 웃음이 어우러진 사람과 사람의 진솔하고도 아름다운 이야기다. 그중에서도 마두인 창대와는 말에 밟혀 그의 다리가 아팠을 때 보여주는 연암의 너그러움과 인간적 처신은 지금 우리를 감동케 하고도 남음이 있다. 드러나지 않게 보살피는 마음의 배려는 조그만 일을 큰일 한 것처럼 부풀리고 호들갑 떠는 우리를 부끄럽게 한다. 그 따사로움은 비록 책으로나마 그에 대한 이야기를 읽을 때는 눈시울이 붉어지기도 했다.

동양의 역사에는 과학과 종교의 모순이 없으며 동양 사회의 도덕적 구조는 기본적으로 인문주의적 가치가 중심이라고 할 수 있다. 자연과 인간, 인간관계 등 지극히 현실적이고 인문주의적 가치들로 채워져 있다. "성인은 처음엔 일상적인 지식으로 분별하다가 나중엔 그 분별을 잊는 사람이다. 성인과 천치의 차이는 용기 있는 사람과 공포를 경험한 적이 없기 때문에 두려워하지 않는 사람과의 차이보다 더 심하다."(중국 철학사에 있는 글이다.) 나는 연암의 모든 글을 찾아 읽으며 그에게서 이 같은 모습을 만날 수 있었다. 연암의 글을 읽어갈수록 내가 쓴 글을 보며 자꾸만 서글픈 생각이 드는 것은 왜일까.

내가 연암을 만나서 열하일기를 읽고 난 뒤로 그만 연암에게 매료되었고, 그 바람에 더 깊어진 게 있다. 문화유적을 돌아보는 기회가 생기면 각별하게 마음을 흔드는 성벽의 흔적이나 유적의 볼 때면 그것이 사라지기 전 그곳에도 생각에 잠긴 사람들의 모습이 그려진다. 성벽 같은 데서는 그 시절 사람들의 외침이 땅과 돌에 스며있지 않았을까 하고 상상하게 된다. 길 가다 옛날 무덤이나 왕릉 하나를 보더라도 그냥 무덤이 아니라 그 무덤의 주인을 깨워 당시의 역사를 제대로 만날 수 있었다. 왕릉이나 오래된 절에 부도 탑을 보는 것도 살아있는 지난날의 체험을 하게 되는 일이다. 역사든 무엇이든 생각을 하고 보는 것과 그냥 무심히 스쳐보는 것은 서울을 가본 사람과 가본 사람의 차이다.

세상이 달라진 요즘 세계화는 필요한 변화지만, 그 변화가 현명하게 추구될 때만 유용한 것이다. 연암이 살았던 시대의 근대적인 것들에는 우리가 버릴 것과 유지할 것이 있고 전근대적(前近代的)인 것들의 경우에도 우리가 기억하고 보존해야 할 것과 잊어버려야 할 것이 있다. 이처럼 시대에 맞춘 현명한 변화는 사람들에게 기억과 망각의 변증법적(辨證法的)사유를 요구하는 것이다.

우리가 연암의 책을 읽으며 깨달아야 할 것은 연암의 사유 세계를 알아가며 그가 남긴 것에서 이 시대에 우리가 알아야 할 것이 무엇인지, 무엇을 버리고 어떤 것을 취해야 할 것인지를 생각하는 일이다. 그가 던진 질문에 이제는 우리가 대답해야 할 차례다. 비록 책 속에서의 여행이지만, 낯선 세상을 본다는 것은 자신과 자신의 세상을 더 깊이 이해하는 데는 분명 유익하고 의미 있는 체험이다. 낯선 세상에 도취해서 정작 자신이 딛고 사는 현실의 세상으로 돌아오려 하지 않는다면 그것은 주객이 전도되는 일이고 자칫 현실을 외면할 수도 있다. 깨어있는 의식으로 글을 읽는 사람에게는 절대 그럴 일은 없다.

■ 열하일기(熱河日記) 1부

● 범의 꾸짖음(호질虎叱 중에서)

 (…) 말과 소가 수고를 다하여 짐을 싣고 또 복종하며 성심껏 네놈들의 뜻을 받드는 것은 아랑곳하지 않고, 날마다 푸줏간이 쉴 새도 없이 이들을 도살해선 그 뿔과 털조차 남기지 않는다. 그것도 모자라 노루와 사슴까지 잡아 먹어버려, 산과 들에는 우리가 먹을 게 없는 지경에까지 이르렀다. 하늘이 이 문제를 공평하게 처리한다면 네놈을 잡아먹는 것이 마땅하겠느냐, 놓아주는 것이 마땅하겠느냐.

 대개 자기의 소유가 아닌데도 이를 취하는 것을 도(盜)라 하고 생명을 해치고 물건을 빼앗는 것을 적(賊)이라 한다. 너희들은 밤낮없이 돌아다니면서 팔을 걷어붙이고 눈을 부라리며 남의 것을 빼앗고 훔치면서도 부끄러운 줄을 모른다. 심지어는 돈을 형님이라 부르고 장수가 되려고 아내를 죽이기도 하니 인륜의 도리를 다시 논할 수가 없을 정도다. 누에한테서는 옷을 빼앗으며 벌을 쫓아내어 꿀을 훔친다. 더 심한 놈은 개미 새끼로 젓을 담가 조상에게 제사를 지내기도 한다. 그 잔인하고 야비한 행위가 네놈보다 심한이가 누가 있겠느냐? 네놈들이 이(理)를 말하고 성(性)을 논할 때 툭하면 하늘을 들먹이지만 만물의 하나일 뿐이다. 하늘과 땅이 만물을 기르는 어짊으로 논하자면 범과 메뚜기 누에와 벌, 개미는 사람과 함께 길러지는 것이니 서로 어그러져서는 안 된다. 그 선악으로 판별한다면 벌과 개미의 집을 공공연히 빼앗아 가는 놈이야말로 천하의 큰 도둑이 아니겠느냐 누에와 메뚜기의 살림을 제멋대로 훔쳐가는 놈이야말로 인의를 헤치는 큰 도적이 아니겠느냐.

 (…) 북곽선생은 한발 물러나 엎드렸다가 엉거주춤 일어나 머리를 거듭 조아리며 말한다. "옛글에 이르기를 비록 못된 사람이라 해도 목욕재계를 한다면 상재(上帝)라도 섬길 수 있다 하였습니다. 천한 신하, 감히 범님의 다스림을 받고자 합니다. 북곽선생은 숨을 죽이고 조용히 귀를 기울였으나, 한참이 지나도록 아무 말도 들리지 않았다. 참으로 황송한 마음이 들어 손을 모으고 머리를 조아린 다음 고개 들어 바라본, 동녘은 밝아오고 범은 이미 사라진 후였다. 아침 일찍 밭을 갈러 가던 농부가 물었다. "아니 선생께선 어인 일로 이른 아침에 들판에다 절을 올리십니까?" 북곽선생이 답했다. 내 들으니 하늘이 높다 하나 어찌 머리를 굽히지 않을 수 있으며, 땅이 두텁다 해도 발걸음을 조심스레 디디지 않을 수 있으랴 했거든."

■

 나 역시 글을 읽으며 글의 끝머리에 농부가 묻는 말에 북곽선생(北郭先生)이 대답하는 부분을 읽을 때는 연암의 말처럼 속으로는 갓끈이 끊어지고 입안에서 밥알이 튀어나오도록 웃고 싶었다. 이 글을 연암이 직접 쓴 것이 아니라 베낀 것이라 해도 좋다. 중요한 것은 이런 것을 놓치지 않고 찾아낸 연암의 안목이 놀랍고, 새로운 것에 대한 앎의 열정에 머리가 저절로 숙어진다. "詩는 시를 쓴 시인의 것이 아니라 그 시를 읽은 사람의 것"이라고 했던 시인 네루다와 우편배달부가 나눈 말이 진실이듯 설령 베낀 것이라 해도 지금 나에게는 중국 사람이 쓴 글이 마치 연암의 글처럼 읽힌다. 우리가 이 글을 읽을 수 있게 한 연암이 참으로 '큰 바위 얼굴' 같은 모습으로 우리에게 다가오는 것은 그런 이유 때문이기도 하다.

글 중에 범의 꾸짖음에는 북곽선생의 허위나 위선을 꾸짖는 것이 아니라 인간과 다른 생명은 하나라는 것, 인간과 동물 사이의 근본적 위계나 차이가 존재하지 않는다는 것을 말하고 있다. 세상 만물 중 살아있는 것이면 모두가 우주를 자기중심으로 생각하기에 자기가 우주의 주인인 셈이다. 가령 개미 한 마리도 우주의 중심이 자기로부터다. 땅 위에 어떤 생물도 인간 말고는 자연의 순리를 거스르지 않는다. "용이 여의주를 가졌다 해서 말똥구리를 비웃지 않고 말똥구리는 용의 여의주를 부러워하지 않는다."라고 한 연암의 말처럼, 용과 말똥구리는 서로가 가진 것을 비교하지 않고 자기 것을 제일 소중하게 여긴다. 바로 이것이 본성대로 살아가는 생명의 참모습이다. 사람은 자기 기준, 자신의 눈높이를 벗어나 때 세상 만물을 제대로 볼 수 있다. 그렇게만 될 수 있다면 전에는 눈에 뜨이지 않던 것들이 보이고 사물은 새로운 모습으로 다가올 것이다.

우리 인간도 자기가 우주 만물의 주인인 줄로만 알고 자기에게 이득이 되고 필요하다 싶으면 무조건 좋아하고, 득이 되지 않고 필요 없다고 생각되면 사정없이 내팽개쳐버린다. 우리는 글 속에 범의 꾸짖음을 북곽선생처럼 무릎 꿇고 들어야 한다. 나는 이 글을 두세 번 거푸 읽으며 누군가 가려운 곳을 긁어주는 것 같아 시원한 느낌도 들었고, 인간으로서 조금이나마 부끄러움이 해소되는 카타르시스를 느꼈다. 거기에다 내가 범이 되어 인간을 향해 말을 좀 더 하고 싶다는 생각도 들었다. 모르긴 해도 아마 틀림없이 많은 사람이 자기가 범이 되어 북곽선생의 바짓가

랑이가 젖도록 더 심하게 꾸짖었으면 하고 생각했을 것이다.

 무엇보다 소중한 깨달음은 내가 연암의 글을 읽으며 다른 생명을 사랑하는 것이 곧 나를 사랑하는 것임을 제대로 알아가는 일이다. 뒤집어 말해 나를 사랑하는 것이 다른 생명을 사랑하는 것, 이라는 말도 된다. 이처럼 의식 있는 사람이 쓴 글을 읽으면 그 글을 읽는 사람도 잠자던 의식이 깨어난다.

 *

 요즘 사람들에게서 버려지는 동물 가운데 가장 많은 것이 개보다는 고양이다. 동네 어디를 가나 길고양이를 보는 건 어렵지 않다. 암놈은 새끼들과 떼지어 다니거나 다른 고양이는 쓰레기통을 뒤지며 돌아다닌다. 신기한 것은 사람이 보살피지 않아도 저희끼리 잘살아간다는 것이다. 어떤 놈들은 보란 듯이 포동포동 살쪄서 털에는 윤기마저 흐른다. 개들은 그렇지 않다. 사람에게 버려져 유기견이 되는 순간 그 꼴은 한없이 초라해지고 혼자 살아갈 힘을 잃는다. 고양이는 혼자 잘 살아가는데 개는 왜 초라해질까. 아마 사람에게 의지하는 빈도가 고양이보다는 훨씬 많아서일 것이다. 고양이처럼 혼자서 살아가는 법을 터득하지 못했다.

 사람만큼 냉정한 동물은 없다. 자기가 잡아먹을 것이면 그렇지 않을 것인데 자기들 기호에 따라 키우다 말다 제 마음대로다. 자기가 좋을 때는 곁에 두고 입맞춤까지 하다가 그만 싫어지면 쓰레기 버리듯 내쳐버린다. 이처럼 사람이 오만한 것은 사람과 자연의 관계를 주인과 종으로 보고 사람이 자연을 지배하는 인간 우월주의에 바탕을 두는 까닭이다. 생물이 환경과 이루는 상호 관계 따위는 고려하지 않는다. 나 역시도 범에게 꾸지람을 들어도 아무런 할 말 없는 인간이다. 사람에게서 버려진 개나 고양이를 두고 쓴 글이 몇 편이다. 아래의 글도 연암이 옮겨 쓴 '범의 꾸짖음'을 읽으며 길고양이를 보고 쓴 글이다. 이어서 쓰는 글도 같은 맥락이다.

길고양이와 나

　내가 개보다 고양이에게 연민의 정을 느끼는 것은 개보다는 고양이가 사람들 손에서 버려지는 일이 훨씬 더 많아서다. 언젠가 집 마당에서 무언가를 하고 있는데 길고양이 한 마리가 들어와서는 나와 거리를 두고 앉아 내가 있는 쪽을 빤히 쳐다보고 있다. 오래전부터 낯이 익은 놈이다. 처음에는 내 눈치를 살피며 살금살금 돌아다니다 이제는 자기 집처럼 대놓고 들락거린다. 고양이는 나의 행동반경을 이미 읽고 있는지 얼마간 떨어진 거리에서는 나를 봐도 겁내는 기색이라곤 없다. 배를 깔고 앉아 빤히 쳐다보다 내가 그리로 움직이면 움직인 만큼 물러선다. 고양이나 개는 자기를 좋아하는 사람과 싫어하는 사람을 기막히게 구별해 낸다. 그리고는 어떻게 대처할까를 거기에 맞춰 행동한다.

　어떤 경우에도 자기가 계산한 거리에서는 위험한 일이 없다는 것을 그놈은 알고 있다. 내가 설쳐봤자 거기서 거기라는 것을 알고 있는 듯 배를 깔고 앉아 앞다리로 부지런히 세수까지 한다. 그래도 나를 살피는 눈은 떼지 않고 경계를 늦추지 않는다. 무엇을 가지러 가려고 일어서면 빤히 쳐다보다 별일 없어 보이면 그대로 있지만, 조금이라도 위험하다고 생각되면 금세 흔적도 없이 사라져버린다. 만약 사람이 저 정도라면, 그것도 전쟁터의 군인이라면, 빼어난 전술가가 되고도 남을 것이다.

내가 오랫동안 지켜본 바로는 고양이는 다른 놈들을 만나도 무조건 싸우지 않는다. 영역을 침범한 정도라면 마주 보고 한참 앙칼지게 울어대다가 한 놈이 꼬리를 내리고 가버리면 그것으로 끝이다. 먹이를 먹을 때도 개처럼 혼자 먹으려고 다투지 않는다. 먹이가 아무리 많아도 배부르게 먹고 나면 그만이고 다른 먹이가 있어도 코로 냄새만 맡을 뿐 욕심부리지 않는다. 배부르고 기분 좋으면 가르랑거리며 다리를 길게 뻗고는 잠자는 게 그놈들의 일상이다. 세상의 어떤 동물도 사람만큼 싸우는 동물은 없다. 동물들은 꼭 필요한 싸움은 자연이 준 본성대로만 싸우지, 인간처럼 다른 일로 싸우지 않는다. 오직 짝짓기할 때나 먹이다툼을 할 때뿐이다. 사람만이 도를 넘어 새로운 싸움을 만들어가며 즐기듯 싸운다. 거기에다 재물이든 무엇이든 욕심을 부려 끝없이 쌓아두는 것도 사람이다.

며칠 전 인천에서 길고양이 몇 마리가 누군가 먹이에 쥐약 넣은 것을 먹고 죽었다는 뉴스를 보았다. 아무리 하찮은 것이라도 옳은 사람이라면 할 짓이 아니다. 동물 보호 단체에서 그 짓을 한 사람을 신고하면 포상하겠다고 하지만 사람이 아닌 고양이 죽은 것을 두고 아무리 떠들어도 사람들 머릿속에서는 금세 잊히고 만다. 어린아이나 작은 동물들을 학대하면서 즐기는 인간은 미친놈 아닐까 싶다. 그런 광인도 평소에는 얼굴에 온화한 미소를 머금고 열심히 살아가는 평범한 사람이다. 이것이 인간의 또 다른 모습이지만 잔혹한 그 모습에 인간인 나조차 동물에게 부끄러울 지경이다.

자연의 눈으로 보면 고양이 일생이나 사람 일생은 서로 같은 가치와 의미를 지닌다. 나는 이렇게 막돼먹은 인간을 볼 때마다 옛날 연암(燕巖)의 '범의 꾸짖음'이라는 글을 떠올리곤 한다. '북곽선생'이라는 선비를 꾸짖는 범의 호통과 허접하고 구질구질한 선비의 나중 모습을 생각하면 통쾌하기도 하고 속이 다 후련하다. 다른 생명도 지구의 자연 속에서 한 번뿐인 삶을 누릴 권리를 갖고 있다. 더 늦기 전에 우리는 다른 생명과 함께 사는 방법을 터득해야 한다. 통섭(通攝)에 관한 강의와 생물학자인 최재천 교수는 "다른 생명에 대한 사랑이 곧 나를 사랑하는 길임을 깨달아야 한다"라고 했다. 생각할수록 가슴을 파고드는 말이다. 우리가 한 번쯤은 깊이 새겨들을 말이다. 나는 요즘 교수의 말을 내 것인 양 써먹을 때가 많다. 그래도 이 말만큼은 아무리 써도 괜찮을 것 같다.

고등어찌개를 먹으며

　어제 고등어 통조림 한 개와 먹던 김치를 넣어 고등어찌개를 만들었다. 요즘은 백수라 가끔 요리도 하고 내가 먹은 그릇은 설거지도 한다. 통조림은 식탁 귀퉁이에 애물단지처럼 밥상 차림에 따라 이리저리 옮겨 다니던 거였다. 아내가 등산 갔다 와서 배낭에서 꺼내놓은 것인데 아마 누군가에게 얻은 모양이다. 아내는 산악회 모임에서 등산가는 날은 배낭에 떡 한 조각을 넣어 오더라도 빈손으로 오는 경우는 거의 없다. 집으로 돌아와 배낭 정리를 하는 것을 보면 끄집어내는 물건이 한둘이 아니다. 요구르트와 먹다가 만 소시지, 사탕, 껌, 좌우지간 종류가 여러 가지다. 어떤 날은 사과나 과일을 꺼내기도 하고 심지어는 동료들이 먹다 남긴 참기름병까지 비닐에 돌돌 말아 가져온다.

　나는 아내가 어디를 다녀온 다음 가방이나 배낭 정리를 하는 날이면 어릴 적 어머니가 장 보러 갔다 집으로 돌아와 보퉁이 푸는 것을 지켜보는 것 같다. 호기심에 찬 눈으로 아내가 꺼내는 물건들을 보는 게 재미있다. 어쩌다 남에게 얻은 것이라도 내 것이 들어 있는 날이면 어린아이처럼 입이 벌어지고 기분이 좋다. 이제는 밥 기다리는 강아지처럼 아내가 등산 갔다 오는 날이면 현관문 열고 들어오는 아내보다 배낭에 눈길이 먼저 간다. 조금 늦은 날은 은근히 기다려지기도 한다. 짧지만, 그 시간이 참 좋다.

고등어 통조림도 그렇게 가져온 것을 식탁 위에 올려놓은 것이다. 식탁에 오랫동안 굴러다니는 것을 자세히 보니 유통기한도 얼마 남지 않았다. 자꾸만 상위에 돌아다니는 것도 거추장스러워 직접 요리할 요량으로 김치와 함께 찌개를 끓였다. 뚜껑을 열고 안에 든 것을 쏟으니 고등어가 쏟아져 나오며 바다냄새가 따라 나왔다. 냄비에 김치와 섞인 것을 보며 토막 난 이 고등어는 깊은 바다를 헤엄치며 돌아다니다 그물에 걸려 통조림공장에서 깡통으로 들어간 것이다. 문득 이러는 나 역시 세상이라는 바다를 마음대로 돌아다니다 때가 되면 나무통 안으로 들어갈 거라는 생각이 들었다. 시간이 짧고 긴 것은 아무런 의미 없다. 고등어나 사람이나 산다는 것은 한때의 꿈이다. 그것을 알면서 허무감에 빠지지 않고 사는 삶이 한편으로는 얼마나 담대하고 감미로운가.

찌개를 먹으며 이런 생각이 들었다. 고등어가 죽어 깡통에 들어간 것이나 내가 죽어 나무통에 들어가는 것이 다를 것이 없다는 것이다. 내 몸뚱어리 역시 오늘 나처럼 다른 것들이 맛있게 먹을 거라는 생각이 들었다. 그런 생각이 들자 고등어에게 미안해할 것 없이 후루룩거리며 맛있게 먹었다. 언젠가는 나도 다른 것들에게 오늘처럼 맛있게 먹힐 것이다. 모든 생명은 죽으면 그것을 인식하지 못할 뿐이지 오늘 먹은 고등어나 내일 내 몸뚱어리는 같은 처지다. 누군가는 무슨 비약이 그리 심하냐고 하겠지만, 죽는다는 것을 아는 것은 사람뿐이다. 그러니 사람으로서 사람답게 냉정히 생각해보면 하나 틀린 말 아니지 않은가.

고등어의 일생과 사람의 일생은 서로 같은 의미와 가치를 지닌다. 그러나 우리 마음대로 세상 만물의 주인이라 이름 지어 부르고 내게 필요하면 좋아하고 소용없으면 인정사정없이 내치는 게 사람 아닌가. 사람이나 고등어는 똑같은 생명이다. 그저 사람인 저들만 자기가 세상 만물의 으뜸인 줄 알고 혼자 거들먹거린다. 고등어야 사람이 먹는 것이라 그렇다 쳐도 인간이 손을 대서 아름다워지는 자연이란 없다. 수많은 나무를 베어내고, 수억 년의 세월을 견디어온 바위를 깨트리고, 살아 숨 쉬는 동물을 우리 마음대로 죽이며 잡아먹는다. 나는 그런 모습을 보면서 인간과 자연의 관계를 뒤섞어 생각하는 것이다. 고등어통조림 찌개 한 냄비를 끓여 먹으며 참 많은 것을 생각했다. 결론은 시간이든 뭐든 나에게 주어진 몫대로 최대한으로 살다 가겠다고 마음먹는다.

거의 모든 생물학자는 지구의 생명이 숨이 찰 정도로 빠르게 망가지며 시간이 흐를수록 속도가 더 빨라진다고 한다. 아마도 인생의 현자들이 자연의 모든 것을 흥청망청 낭비하는 사람들을 보면 물을 펑펑 쓰는 도시 사람들을 보는 사막 사람들의 심정이 되지 않을까 싶다. 아까 한 말처럼 동물과 식물 어느 것도 사람이 간섭해서 더 나아지는 것은 없다고 했다. 그냥 놓아둘 때 그 모습이 가장 보기 좋다. 모두 인간의 뜻에 맞추다 보니 만 가지가 비틀어지고 나무나 짐승은 제 타고난 본성을 잃어가는 것이다. 신의 눈으로 보면 만물의 영장이라 여기며 흥청거리는 인간의 온갖 행태가 참으로 가소롭고 허황한 모습으로 보일 것이다.

● 호곡장론(好哭場論)

(…) 말을 세우고 사방을 둘러보다가, 나도 모르는 사이에 손을 들어 이마에 얹고 이렇게 외쳤다. "훌륭한 울음 터로다! 크게 한번 통곡할 만한 곳이로구나." 정진사가 묻는다. "하늘과 땅 사이의 툭 트인 경계를 보고 별안간 통곡을 생각하시다니, 무슨 말씀이신지?" "그렇지 그렇고말고! 아니지, 아니고말고. 천고의 영웅은 울기를 잘했고, 천하의 미인은 눈물이 많았다네. 하지만 그들은 몇 줄기 소리 없는 눈물을 옷깃에 떨굴 정도였기에, 그들의 울음소리가 천지에 가득 차서 쇠나 돌에서 나오는 듯 했다는 말을 들어본 적이 없다네. 사람들은 다만 칠정(七情) 가운데서 오직 슬플 때만 우는 줄로 알뿐, 칠정 모두가 울음을 자아낸다는 것은 모르지.

기쁨이 사무쳐도(喜) 울게 되고, 노여움이 사무쳐도(怒) 울게 되고, 즐거움이 사무쳐도(樂) 울게 되고, 사랑함이 사무쳐도(愛) 울게 되고, 욕심이 사무쳐도(欲) 울게 되는 것이야. 근심으로 답답한 것을 풀어버리는 데에는 소리보다 더 효과가 빠른 게 없지. 울음이란 천지간에 있어서 우레와도 같은 것일세. 지극한 정이 발현되어 나오는 것이 저절로 이치에 딱 맞는다면 울음이나 웃음이나 무에 다르겠는가. 사람의 감정이 이러한 극치를 겪지 못하다 보니 교묘하게 칠정을 늘어놓고는 슬픔에다 울음을 짝지은 것일 뿐이야.

(…) 하지만 갓난아기의 본래 정이란 결코 그런 것이 아니야. 어머니 뱃속에 있을 때에는 캄캄하고 막혀서 갑갑하게 지내다가, 할 아침에 갑자기 탁 트이고 훤한 곳으로 나와서 손도 펴보고 발도 펴보니 마음이 참으로 시원했겠지. 어찌 참된 소리를 내어 자기 마음을 크게 한번 펼치지 않을 수 있겠는가. 그러니 우리는 저 갓난아기의 꾸밈없는 소리를 본받아서 비로봉 꼭대기에 올라가 동해를 바라보면서 한바탕 울어볼 만하고, 장연의 금모래 밭을 거닐면서 한바탕 울어볼 만 하이. 이제 요동벌판을 앞두고 있네. 여기서부터 산해관까지 1,200리는 사방에 한 점 산도 없이 하늘 끝과 땅끝이 맞닿아서 아교풀로 붙인 듯 실로 꿰맨 듯하고, 예나 지금이나 비와 구름만이 아득할 뿐이야. 이 또한 한바탕 울어 볼 만한 곳이 아니겠는가!

■ 살다 보면 연암의 말처럼 갓끈이 끊어지고 입안에 밥알이 튀어나오도록 박장대소하며 웃을 때가 있다. 웃음도 좋지만, 그보다는 눈물에다 콧물까지 흘리며 실컷 울고 나면 그만 속이 다 후련해진다. 시원한 울음 뒤에는 무언가를 배설하고 난 뒤의 기분처럼 거북했던 내 안에 든 것들이 안정을 되찾고 편안해지는 것을 느낀다. 차마 겉으로 드러내지는 못하고 슬픔과 분노가 목울대까지 차 올라왔을 때, 버려야 할 노폐물처럼 안에 쌓였던 것을 쏟아 놓고 나면 그 울음 끝에는 슬픔이 가라앉고 저 너머에 또 다른 길이 보인다.

한번은 이런 일도 있었다. 볼일 보고 저녁 늦게 집으로 가는 날 방문을 여니 아내가 울고 있었다. 가까이 다가가 왜냐고 물어도 만사가 귀찮은 듯 손사래 치며 곁에 오는 걸 말린다. 나는 곁에서 그냥 지켜만 보았다. 한참을 울고 난 다음에는 건네주는 휴지로 코를 풀고는 이내 얼굴이 편해지는 것이다. 그리고는 앉은 채로 눈물을 훔치며 마음을 추스르는 아내에게 왜 울었느냐고 물으니 '그냥'이라고 한다. 아무런 이유 없이 그냥 울고 싶어 울었다는 것이다. 더는 묻지 않았다. 그냥 이라는 아내의 그 말 한 마디에 아내의 모든 심정이 담겨있었다. 나도 그냥 내버려 두었다. 울음은 사람을 평화롭게 만드는 신비의 작은 창문이다. 일어나 밥상 차리러 주방으로 가는 아내의 뒷모습은 울기 전 그 모습이 아니었다. 눈물이란 참 묘한 힘을 가졌는가 싶었다.

　서양의 어느 사상가는 인간 생애의 최고의 날은 자기 인생의 사명을 자각하는 날이라고 했다. 사람마다 그날의 의미가 모두 다르겠지만, 아마 나는 세상을 살며 기억되는 것 중의 하나가 언젠가 못 먹는 술 취하도록 마시고 무작정 길을 걸으며 실컷 울고 난 날이 아니었는가 싶다. 왜냐하면, 그동안 한 발짝도 나갈 수 없이 내 앞을 가렸던 뿌연 안개가 우는 동안에 차츰 사라지는 것을 느꼈기 때문이다. 언젠가 기억해둔 "안개가 자욱한 새벽이 꼭 흐린 낮을 예고하지는 않는다. 거듭되는 상처는 삶이 우리에게 주는 가장 좋은 선물인 것은 상처는 곧 우리가 한 걸음 나아갔다는 표시이기 때문이다."라는 로맹 롤랑의 말이다. 그 울음 끝에 앞을 가렸던 안개가 나에겐 인생의 사명을 자각하는 선물이었음을 깨달은 것이다.

　연암의 사장(士章)애사(哀辭)에 있는 글이다. "나는 매양 모르겠네, 소리란 똑같이 입에서 나오는데, 즐거우면 어째서 웃음이 되고 슬프면 어째서 울음이 되는지. 어쩌면 웃고 우는 이 두 가지는 억지로는 되는 게 아니고 감정이 극에 달해야 우러나는 것이 아니겠는가. 나는 모르겠네, 이른바 정이라는 것이 어떤 모양

이관데 생각만 하면 내 코끝을 시리게 하는지. 또한 모르겠네, 눈물이란 무슨 물 이관대 울기만 하면 눈에서 나오는지. 아아, 우는 것을 남이 가르쳐서 하기로 한다면 나는 의당 부끄러움에 겨워 소리도 내지 못할 것이다. 내 이제야 알았노라, 이른바 그렁그렁 고인 눈물이란 배워서 될 수 없다는 것을."

울음에 관한 표현이 한 편의 詩처럼 아름답기까지 하다. 사람 평생이 울음과 눈물의 연속이지만 처음 세상 밖으로 나올 때는 자기가 울고 나중에 세상 밖으로 나갈 때는 남이 우는 것이 다를 뿐이다. 울음이나 눈물의 의미를 연암의 글에다 내 생각을 덧붙인다면 아마 틀림없이 사족(蛇足)이 되고 말 것이다. 다만 이어지는 글 중에 이 부분을 옮겨 쓰는 이유는 "내 이제야 알았노라, 이른바 그렁그렁 고인 눈물이란 배워서 될 수 없다는 것을"이란 이 문장만큼은 겨울밤 빗소리처럼 가슴으로 스며들어서다.

사람이 운다는 것은 그냥 우는 게 아니라 자기 삶에 연결하는 일이다. 울음이라는 행위 속에는 말하고 싶고, 자기를 표현하고 싶은 욕구도 함께 자리하고 있어 그 마음이 소리로 표현되는 것이다. 자살하는 사람들은 울지 못해 죽는다고 할 수도 있다. 울 수 없거나 울음을 들어줄 사람이 없거나, 어쨌든 표현할 수 없기 때문이다. 울 수 있으면 죽으려 하지 않는다. 울음은 그런 힘을 주는 것이다. 그런데 요즘은 아무도 모르게 혼자서 우는지는 모르나, 웃음까지 잃은 사람들이 너무 많다. 울지도 않고 웃지도 않는다면 그게 목석이지 사람이라 할 수 있을까. 지금 못하는 사람은 나중에도 할 수 없듯이 웃지 못하는 사람은 울지도 못할 사람이다. 그래서 울음보다는 반대로 웃음에 관해 이야기하고 싶은 것은, 웃음이 곧 울음이기 때문이다.

웃음을 잃은 사람들

볼일이 있어 시내로 나가는 날에는 하루에도 몇 번씩 승강기를 타야 하는 일이 있다. 짧은 시간인 그때만큼은 나와 전혀 관계없는 사람들과 함께할 때다. 백화점 같은 곳이나 큰 건물에는 사방이 거울인 승강기가 있다. 항상 느끼는 일이지만, 함께 탄 사람들을 보면 연인들 말고는 모두가 표정이 굳어있다. 여자건 남자건 학생이건 어린아이건 아무런 표정 없이 승강기 위에 빨간 숫자판만 쳐다보고 있는 얼굴은 하나같이 겨울 나뭇잎처럼 메마르다. 키 큰 탓으로 양 사방에 비친 내 표정은 남의 말 할 것도 없이 웃음을 잃은 지 오래되어 얼굴에 그런 기억조차 없는 듯하다. "지극한 정이 발현되어 나오는 것이 저절로 이치에 딱 맞는다면 울음이나 웃음이나 무에 다르겠는가."라는 연암의 말이 무색하게 아무 표정 없는 내 얼굴을 보면 그런 정마저도 없는 것 같다.

웃을 때는 몸속의 650개의 근육 중에 231개의 근육과 260개의 뼈를 동시에 움직이게 하고, 그로 인해 숨을 가쁘게 해서 패를 튼튼히 하고 더러는 눈물샘을 자극하기도 한다. 웃음은 얼굴 표면의 메커니즘만이 아니라 산소공급을 두 배로 늘려 몸과 마음을 시원하게 하는 것은 물론이고 웃음 자체가 생명의 파동이다. 세파에 찌든 우리를 잠시나마 고통과 불안에서 해방되는 것이 웃음이다. 요즘 사람들이 자주 말하는, 행복해서 웃는 것이 아니라 웃어서 행복해지는 것이다. 아마 이것은 우는 것과도 같다. 다시 말해, 울어서 슬픈 것이 아니라 울 수 있어 행복하다.

사람들은 갈수록 웃음을 잃는다. 요즘은 더 그렇다. 누군가에게 보내는 희미한 미소마저 사라져버렸다. 누가 우리에게 웃음을 빼앗아 갔을까. 자기 것밖에 모르는 극도로 이기적인 사람들과 이웃, 우둔하고 탐욕스러운 기업가, 아니면 틈만 나면 물고 뜯으며 싸우는 정치인들, 우리를 악의 구렁텅이로 데리고 가려고 호시탐탐 기회만 엿보는 사람들. 이처럼 추악하고 비열한 사람들이 우리를 발가벗긴 생명으로 내모는 것이다. 중요한 것은 어떤 몸부림을 치더라도 이 같은 터널에서 빠져나와야 한다. 시인 강석주의 말처럼 "웃음은 불안과 무기력을 넘어서려는 내면의 명령에서 나오는 생명의 충동이다. 무엇보다 웃음은 생명의 약동이고 기쁨의 실현이다." 어떤 상황에서도 살아남으려면 웃음을 잃지 않아야 한다.

누군가는 슬퍼서도 울고 기뻐서도 우는 것이기에 웃음과 울음은 서로 같은 것이라 하는 이도 있다. 슬퍼서 우는 울음에는 배설의 후련함은 있을지 몰라도 즐겁지는 않다. 웃음에는 웃는 동안 또 다른 삶의 에너지를 내 안으로 불러들이는 일이라 웃음은 인간적인 것의 산물이고 사람을 사람답게 한다. 보통 우리는 우스운 일과 맞닥뜨리거나 어떤 경우에는 속으로 참지 못하고 웃음을 터뜨리지 않는가. 그것은 우리가 삶에 종속된 존재가 아니라 삶 안에서 자유를 누리는 존재임을 분명하게 말해주는 것이다.

위장된 웃음이나 비웃음, 쓴웃음 뒤에는 분노보다 더한 독기가 들어 있다. 그 웃음은 속에 끓고 있는 뜨거운 분노의 서글픈

위장과 다름없다. 화를 웃음으로 표현한 것은 노여움이 거꾸로 발동한 것이다. 그런 웃음의 대상이 되는 사람은 굴욕당하고 쓰라린 상처를 앓게 된다. 굴욕을 주기 위한 웃음은 표적이 되는 사람에게는 반드시 상처 입기 마련이고, 웃음으로 사람에게 복수하는 것이다. 하지만 그런 웃음은 자기 자신을 황폐하게 할 뿐만 아니라 다른 사람까지도 해를 입힌다. 대신 건강한 웃음에는 앞서 말한 것처럼 삶의 방향을 바꾸는 배의 돛에 바람이 실리는 것과 같다. 그 바람은 어디든 자기가 원하는 방향으로 갈 수 있게 하는 힘인 것과 동시에 삶의 에너지를 만드는 발전기와 같다.

우리는 이처럼 연암의 표현대로 온갖 울음과 웃음 속에서 살아간다. 인생이란 울다가는 웃고, 웃다가는 울고 기뻐하다가는 또 슬퍼하는 일의 연속이다. 때로는 살다가 근심 걱정으로 정말 가슴이 답답할 때는 가끔 한 번이라도 아무도 없는 요동 벌판 같은 곳에서 실컷 울어볼 수만 있다면 얼마나 좋을까. 어떤 기쁨보다 더 깊은 또 다른 삶에 의미를 가져다줄는지도 모른다. 어쩌면 그 울음 끝에는 길이 보이고 엉킨 실타래처럼 혼란스러웠던 마음이 가라앉을 것이다. 엉킨 실타래를 푸는 첫 가닥을 손에 쥘 수도 있다.

● 일신수필 서(序)

　입과 귀에만 의지하는 자들과는 더불어 학문에 대해 이야기할 바가 못 된다. 평생토록 뜻을 다해도 도달하지 못하는 것이 학문이 아니던가. 사람들은 "성인(聖人)이 태산에 올라 내려다보니 천하가 작게 보였다."라고 말하면 속으로는 그렇게 생각하지 않으면서도 입으로는 그렇다고 대답할 것이다. 그러나 "부처가 시방세계(十方世界)를 보았다."라고 하면 허황하다고 배척할 것이며 "태서泰西(서양사람) 사람이 큰 배를 타고 지구 밖을 돌았다."라고 하면 말도 안 되는 소리라고 버럭 화를 낼 것이다.

　그러면 누구와 더불어 이 천지 사이의 큰 장관을 이야기 할 수 있을까. 아, 공자가 240년 역사를 간추려서《춘추春秋》라 하였으니 이 240년 동안 일어난 군사 외교 등의 사적은 꽃이 피고 잎이 지는 것과 같은 잠깐 사이의 일에 지나지 않는다. 달리는 말 위에서 휙휙 스쳐 지나가는 것들을 기록하노라니 문득 이런 생각이 들었다. 먹을 한 점 찍는 사이는 눈 한번 깜박이고 숨 한번 쉬는 짧은 순간에 지나지 않는다. 눈 한번 깜박이고 숨 한번 쉬는 사이에 벌써 작은 옛날(小古), 작은 오늘(小今)이 되어 버린다. 그렇다면 하나의 옛날이나 오늘은 크게 눈 한번 깜박하고 숨 한번 쉬는 사이라 할 수 있겠다. 이처럼 찰나에 불과한 세상에서 이름을 날리고 공을 세우겠다고 욕심 부리니 어찌 서글프지 않겠는가.

(…) 다음날 산을 내려와 안주에 도착했더니 과연 어젯밤에 폭우가 쏟아지고, 뇌성벽력이 쳤다고 한다. 실제로 평지에는 물이 한길이나 차고, 민가들은 물 위를 둥둥 떠다니고 있었다. 나는 말고삐를 잡고 서서 탄식해마지 않았다. "아 어젯밤 나는 구름과 비, 그 너머의 세상에서 밝은 달을 안고 잠들었구나."(…) 묘향산은 태산에 비하면 겨우 몇 개의 둔덕에 지나지 않을 뿐인데도 위치에 따라 이토록 다르니, 성인이 천하를 굽어보았을 젠 과연 어떠했으랴?

■
   연암이 대제국으로 발전한 청나라의 실상을 직접 목격하고 연행하며 만나는 뭇사람들과 만남도 흥미롭지만, 그보다 수시로 맞닥뜨렸던 우리나라에서는 못 보던 새로운 문물과 만나서 하는 생각이다. 그것을 보고 조선 사람들의 후진성과 낙후된 생활상을 비교하며 안타까워하는 연암의 모습이 실학자로서의 면면이 드러나고도 남음이 있다. 내가 연암의 처지가 되어 그것을 보았어도 아마 똑같은 생각이 들었을지도 모른다. 그렇다고 꼭 본받을 것만 이야기한 것이 아니라 겉치레뿐인 화려한 장례 모습을 보고는 본받을 것이 못 된다는 연암의 시선이 얼마나 엄정하고 날카로운지, 그 시대에 연암과 같은 생각을 하는 (홍대용. 이덕무. 박제가 등) 몇 사람의 지식인들이 있었다는 게 그나마 위안이라면 위안이다. 소 중화사상과 되지도 않은 북벌론의 무게를 벗어던지고 중원 천지를 경쾌하게 가로지른 연암의 저력이 위대하게 느껴지는 순간이다.

연암이 그것을 알면서도 조선으로 돌아와서는 이용후생(利用厚生)이라는 실학(實學) 이념을 실제 생활에 옮기지 못한 것이 아쉽다. 그들이야 백번이고 그러고 싶었겠지만, 우리가 잘 알다시피 그것을 수용할 수 있는 세종 같은 눈 밝은 지도자가 우리나라엔 없었다. 나라 전체가 당파싸움으로 정신 못 차리던 그 시절 위정자나 선비들의 행태가 원망스럽다. 한 가지 다행인 것은 건륭(乾隆)황제의 70세 칠순연(七旬宴)을 축하하기 위한 외교 사절단으로 참여하긴 했지만, 그 시절 대국인 중국의 정치와 문명, 문화를 우리나라의 처지와 비교한 것도 우리에게 새로운 눈을 뜨게 했다. 청조 치하의 북중국과 남만주 일대를 견문하고 각계각층의 뭇사람들과 만남은 연암에게 많은 생각을 하게 했다. 그곳 문물과 제도를 접한 결과를 소상하게 기록한 연행일기를 읽는 후손인 우리는 참으로 복된 사람들이다. 이 모든 게 연암이라는 사람이 있었기에 가능했던 일이다.

글을 읽다 보면 중국과 한국 사람은 같은 일 하나를 가지고 생각이 제각각이다. 나는 서로가 다른 이런 모습을 두고 어떤 것에 다르다는 것과 함께, 틀렸다는 것에 대해서도 생각하게 된다. 나라마다 다름과 틀림에 관한 생각에는 언제나 뾰족한 답이 나오지는 않지만, 파고들면 들수록 어쩌면 그것이 그 나라만의 문화이고 그런 환경에서 태어나고 평생 살아온 사람들의 사유방식이라는 생각이 든다. 아래의 글은 열하일기 중 '일신수필'의 서문序文과 멀리 산 위에 장성이 아득히 보이는 홍화 포에 도착하기까지의 일기를 읽으며 내 나름대로 생각한 것을 썼던 글이다.

다름과 틀림의 이해

　사람들의 오가는 말을 보면 그 시대의 품격이 보이듯, 나는 역사책을 읽을 때 책 속에서 사람들끼리 오가는 말에서 그 시대의 많은 것이 보인다. 조금 더 나아가면 그 시대 문화까지를 유추해볼 수 있다. 고전을 읽을 때도 어떨 때는 마치 내가 그 시절로 돌아가 사람들과 함께하는 착각이 들 때도 있다. 이런 걸 보면 말이란 나무의 나이테처럼 밖으로 드러나지 않고 안으로 응축되는 힘을 가지고 있는 게 분명하다. 지금 우리가 꼭 알아야 할 것은 다름과 틀림에 관한 생각이다. 상대와 나를 제대로 알기 위해선 문화의 다양성이 틀림이 아닌 다름이라는 것을 이해하는 것이 먼저다.

　연암의 열하일기를 읽다 보면 그만 나도 모르게 책 속에 빠져들어 내가 마두(馬頭)가 되어 하인들과도 함께했다. 하인 중에서도 마두인 창대와 하인 장복은 나와 친구가 되기도 했다. 그러다 때로는 연암이 되기도 했다. 이렇게 양쪽을 오가며 한번은 하인이 되었다가, 또 한 번은 연암이 되어보는 것이다. 이런 반복 속에 알게 되는 것은 말이라는 것도 하인은 하인의 말이 있고, 선비는 선비의 말이 있으며 장사치는 장사치의 말이 있다. 열하일기에서는 그때그때 상황 따라 서로의 말이 조금도 걸리적거리지 않고, 선비와 하인이 서로 소통하며 하나가 되는 풍경이 참으로 인간적이다. 무엇보다 그때만큼은 신분이라는 허울을 벗고 함께 어울리는 모습이 정말 보기 좋다. 연암의 이런 모습은 신분이 다르다는 것이지 그런 마음의 자유가 틀린 게 아니라는 것을 보여준다.

　나의 메모장에는 다음과 같은 옛글이 있다. "늙어서 젊은이와 거리가 생김은 세대의 차가 아니라 늙기 전의 나를 잃음이요, 출세해서 교만함은 사람이 변한 게 아니라 출세 전의 나를 잃음이다. 한마디로 해서 인간을 잃고 나를 잊은 것이다. 이제 책 속에서 천고의 인간들을 보고 숨어 있던 나를 찾음이니 이 얼마나 기쁘고 즐거운가."라는 글이다. 마치 요즘 사람들을 두고 하는 말 같아 읽을수록 가슴에 와닿는다. 세속에 물들어 타락하고 명리에 휩쓸려 변절함은 사람이 다른 게 아니라 그전의 나를 잃음이니, 한마디로 인간을 잃고 나를 잊은 것이다. 이는 나라는 인간의 행동이 틀렸고 달라졌다는 말이다. 너나없이 지금은 이런 사람들로 넘쳐나는 세상이다. 나는 어떤 삶을 살아야 할까.

　요즘 신문이나 방송을 보면 저마다 자기 말만 옳고 남은 틀렸다고 하니 누구의 말을 믿어야 할지 모르겠다. 종편 TV를 통해 이 시대의 지식층이라고 자부하는 낯익은 사람들이 여러 대담프로에 나와 하는 말을 들어보면 한 가지 일을 두고 다양하게 쏟아내는 말은 하나같이 거기서 거기인데, 이 시대의 지식인이라 자처하는 그들도 틀렸다는 것과 다르다는 것에 대한 이해가 제각각이다. 그러다 보니 시청자도 헷갈리고 말하는 그들도 헷갈린다. 차라리 하지 않은 것만 못하다. 사람들은 그 모습을 보고 '도토리 키 재기라든가 그 나물에 그 밥'이라 하는지도 모르겠다. 내가 볼 때도 그게 그거다.
　사람마다 서로 생각이 다르면 말이 안 통해 답답하다고 한다. 자기 생각과 다르면 상대의 생각이 잘못된 것이고 상대가 틀렸다고 단정해버린다. 올바른 이해라는 것은 상대가 틀린 것이 아니라 다름을 인정하는 데서부터 생긴다. 부모와 자식 간에도 마찬가지다. 자식은 부모만큼 세상을 살지 않았으니 부모의 생각을 따라갈 수도 없고, 이해할 수 없는 것은 당연한데도 자식이 부모 마음과 다른 것만을 탓한다. 갈등의 원인이 자신에게 있는 줄도 모르고 자식 탓만 하는 것이다. 마치 더하기 빼기밖에 모르는 초등학생에게 중학생이 되어야 배우는 인수분해를 풀어보라는 말과 같다. 이렇게 부모와 자식은 서로가 틀렸고, 또 서로 달라서 답답하기만 하다.

사람의 삶에도 다른 사람을 알 수 있는 부분과 알 수 없는 부분이 같이 있어야 하는 게 아닐까 싶다. 상대를 많이 알면 더 깊이 이해하고 사랑할 수 있을 것 같지만 실제로는 그렇지 않다. 서로 다르다는 것과 함께 틀렸다는 것에 대한 이해를 바르게 해야 한다. 나와 생각이 다른 것을 틀렸다고 단정 짓는 것은 독선에 가깝다. 사람 안에 슬픔과 기쁨이 항상 함께 깃들어 있듯, 상대에 대해 나와는 다른 것도 있어야 그것이 사람을 살아있게 하고 사람답게 한다.

눈높이를 높게 하면 멀리 볼 수 있지만, 낮게 하면 자세히 볼 수가 있다. 가장 가까이서 늘 함께하는 사람만이라도 상황에 따라, 눈높이를 맞추는 것이 지금 우리가 해야 할 일이다. 낮게 볼 때와 높게 볼 때를 가려 서로 이해하려는 노력이 동반되어야 한다. 사람은 제 눈높이를 벗어날 때 비로소 상대의 모습이 제대로 보이고 전에는 보지 못했던 것을 보게 된다. 그때는 내가 사랑하는 사람만이 아니라 함께 있는 사람의 머리에 있는 새치까지도 눈에 띈다. 연암의 글을 읽으면 곳곳에 연암의 그런 모습이 숨어 있다.

역사 속의 성공과 실패

　요즘 역사와 관련된 책을 읽다 보면 이런 생각이 든다. 지난 일 가운데서도 꼭 성공해야 할 일이 실패하는 일도 있었고, 반대로 꼭 실패해야 하는 일이 성공하는 예도 있었다. 책을 읽을 때는 마음마저 졸이며 분노하거나 아쉬워했다. 이미 지나간 일을 두고 분노해보았자 아무 소용이 없음을 안다. 역사는 승자의 기록이라고 하지만 비애이자 모순일 것 같다. 그래도 이런 일들이 하나하나 모여 역사가 되고 한 사람의 인생을 만드는 것이다. 그러면서도 매번 책을 읽을 때는 그 부분에서는 한참을 생각한 다음에야 책을 덮는다. 중요한 것은 그냥 아는 것으로만 그치지 않고 거기에서도 얻는 게 있다. 그것은 성공하는 사람들과 실패하는 사람들의 상반된 모습을 보는 일이다.

　대부분 성공하는 사람들은 자신이 무엇인가를 시작하기 전부터 충만한 심리적인 에너지를 갖고 있었다. 자신이 반드시 성공할 것이라는 믿음을 가지고 다른 사람에게도 고무적인 파장을 보내는 사람이었다. 후세 사람들의 기억에 남을 모든 역사적 인물들이 그러했다. 그런 사람은 모두가 심리적 에너지가 긍정의 힘으로 당당하면서도 성공의 신념을 자신으로부터 끌어내는 데 뛰어난 사람이었다. 일단 긍정과 자신감이 생기면 일의 상황은 자신이 바라고 노력한 방향으로 발전하는 것이다. 모든 일은 마음에서 시작된다. 혼자 머뭇거리며 끙끙대는 사람은 무엇이든 안 될 일을 찾지만 반대로 성공하는 사람들은 어떤 일이 닥치든 그것에서 되는 일을 찾아낸다. 똑같은 일을 두고도 성공하는 사람과 실패하는 사람은 일을 바라보는 시선이 이렇게 다르다. 한마디로 잘라 이야기한다면 사람은 생각한 대로 된다. 그 이유는 성공이란 내면에서 우러나온 신념이기 때문이다.

성공하는 사람 대부분은 "나는 할 수 있다."라고 자기암시에 능숙하다. 그 기운이 실패할 것도 성공으로 바꾼다. 그러나 "난 못 한다, 할 수 없다."라며 지레 겁먹는 사람은 할 수 있다는 사람을 절대 이기지 못한다. 단언하건대 그런 자신감이 없다면 성공할 수가 없다. 자신감이 없는 사람은 마음속에 열등감이 가득하다는 뜻이고 열등감에 사로잡힌 사람은 기회가 와도 놓치거나 내가 성공할 수 있을까, 하는 의문을 가지고 포기해버린다. 성공은 성공한 내 모습을 그리는 마음에서부터 시작된다는 것, 실패하는 사람은 실패를 지레짐작하기에 나쁜 에너지를 불러 성공할 것도 실패하는 것이다. 꿈을 꾸면 그 꿈을 닮아가듯 사람은 자기가 꿈꾸는 대로 이루는 법이다. 무엇을 시작하기도 전에 먼저 실패를 생각하는 사람은 자기는 실패할 거라고 주문을 외우는 것과 같다.

내가 꿈꾸던 것을 포기하지 않고 열심히 살아간다면 10년 후에 내 모습이 어떤 모습일지는 아무도 모른다. 잠재의식으로는 어떤 것이든 불가능한 것이 없다. 우리가 성공한 모습을 그리는 상상을 멈추지 않는다면 내 안에서 잠자고 있던 힘이 깨어나 나를 상상 속의 내 모습으로 만들어 줄 것이다. 거기에 곁에서 나를 바라보는 사람들이 있다면, 그 힘만으로도 인생이란 마라톤의 풀코스를 포기하지 않고 달릴 수 있다. 반환점을 돌아 결승점이 멀리 보일 때면 마치 오랜 훈련에 지친 병사가 멀리서 들리는 군악대 소리에 없던 힘이 솟아나는 것처럼, 그 소리에 숙어졌던 머리를 들어 철모를 바르게 쓰고 허리 아래로 쳐졌던 배낭을 고쳐 맨다. 그런 다음 느슨하게 내려왔던 총 멜빵을 단단히 조이며, 어깨 위로 곧추세우는 씩씩한 병사의 모습으로 돌아가는 것이다.

  옆길로 새는 것 같지만 나는 연암의 글을 읽으며 책에서도 그런(긍정의 에너지) 기운을 참 많이도 느꼈다. 학문에 대한 열정이라든가 사물에 관한 호기심, 사람과의 관계, 그런 에너지가 없었다면 오늘 같은 연암이라는 큰 산이 있기나 했을까. 그 가운데서도 학문적으로는 지금 사람들에게 오랫동안 기억될 호질虎叱(범의 꾸짖음)이라는 글을 찾아낸 것도 큰 업적이다. 그것을 놓치지 않고 손으로 베껴 지금 우리에게 전해준 것이다. 생각해보면 연암이 아니었으면 어찌 우리가 그것을 알기나 했을까. 어쩌면 영원히 몰랐거나 얼마 안 있어 글은 없어졌을지도 모른다. 이처럼 한 사람의 열정이라는 것이 이리도 대단하다. 세월이 흐른 지금 우리 눈에는 연암이라는 인물이 어떤 분야에 성공한 사람이 아니라 영웅의 모습으로 남았다.

● 장대에 오르기가 벼슬살이 같구나.
장대기(將臺記)

　만리장성을 보지 않고서는 중국이 얼마나 큰지 모를 것이고, 산해관(山海關)을 보지 않고는 중국의 제도를 알지 못할 것이며, 관 밖의 장대를 보지 않고는 장수의 위엄을 알기 어려울 것이다. 산해관에서 1리쯤 못 미쳐 네모난 성 하나가 있다. 높이는 여남은 길쯤 되고 둘레는 수백보다. (…) 성 아래로는 역시 구멍을 뚫어서 병장기를 간직하고, 그 밑으로 굴을 파서 장성과 서로 통하게 하였다. 역관들은 모두 한(漢)이 쌓았다고 하나 이는 그릇된 말이다. 혹은 이를 오왕대(吳王臺)라고도 한다.

　(…) 한참을 바라보다가 내려오려 하는데 아무도 먼저 나서는 사람이 없다. 벽돌 쌓은 층계가 높고 가팔라 내려다보기만 해도 다리가 후들후들 떨릴 지경이다. 하인들이 부축하려고 해도 몸을 돌릴 곳조차 없어 몹시 허둥지둥하였다. 서쪽 층계로 먼저 간신히 내려와서 대 위에 있는 사람들을 쳐다보니, 모두 벌벌 떨며 어쩔 줄을 모르고 있었다. 올라갈 때엔 앞만 보고 층계 하나하나를 밟고 오르기 때문에 위험하다는 걸 몰랐는데, 내려오려고 눈을 들어 아래를 굽어보니 현기증이 절로 일어난다. 그 허물은 다름 아닌 눈에 있는 것이다.

　벼슬살이도 이와 같아서, 위로 올라갈 때엔 한 계단 반 계단이라도 남에게 뒤질세라 더러는 남의 등을 떠밀며 앞을 다투기도 한다. 그러다가 높은 자리에 오르면 그제야 두려운 마음을 갖기 시작한다. 하지만 그땐 외롭고 위태로워서 한 발자국도 앞으로 나갈 수 없고, 뒤로 물러서자니 천 길 낭떠러지가 더위잡고 내려오려고 해도 잘되지 않는 법이다. 이는 오랜 세월 두루 미치는 이치다.

■

　장대에 올라갔다 내려오는 일을 벼슬살이에 비유한 연암의 안목이 어쩌면 이리도 지금 우리 벼슬아치들의 모습과 똑같을까 싶어 신기한 생각마저 든다. 우리가 경험으로 알다시피 산은 올라가는 일보다 내려오는 일이 어렵다. 올라갈 때야 앞만 보고 한 걸음씩 오르다 보면 어느 순간 정상에 오를 수 있지만, 내려올 때가 더 힘 드는 법이다. 산을 오를 때도 올라갈 때보다는 내려오면서 미끄러지거나 돌부리에 걸려 넘어져 다치는 일이 많다. 또 아무런 요량 없이 오르기만 하다 보면 나중에는 오도 가도 못하고 헤매는 일도 있다. 연암의 글에 있는 말을 떠올리며 우리 벼슬아치들을 생각하면 그들은 올라가고 내려오는 과정도 −우리가 백두산을 오를 때도 멀쩡한 몸이면서도 돈 있고 게으른 사람들이 가마를 타고 올라가는 것을 보고 비웃듯− 그 모습이 참으로 가관인 사람이 많고, 눈꼴시어 못 볼 것이 수두룩하다. 나는 벼슬아치들의 그런 형편없는 모습을 두고 쓴 글이 여러 편인데 다음의 글도 그중 하나다.

　옛 중국의 고전에는 사람을 등용할 때 인물을 평가하는 다섯 가지 기준이 있다고 했다. 첫째, 불우했을 때 어떤 사람들과 친하게 지냈는가. 둘째, 부유했을 때 누구에게 나누어주었는가. 셋째, 높은 지위에 있을 때 어떤 사람을 등용했는가. 넷째, 궁지에 몰렸을 때 올바르지 못한 방법을 쓰지는 않았는가. 다섯째, 가난했을 때 남의 것을 취하지 않았는가. 이 다섯 가지를 놓고 사람을 고르면 된다고 했다. 예나 지금이나 벼슬아치들이 갖추어야 할 자질은 조금도 변하지 않았다. 세상은 달라졌어도 이 다섯 가지를 지금 사람들에게 적용한다고 해도 그 가운데 단 한 가지도 비껴가지 않을 것이다. 만약 이 기준을 모두 통과하는 사람이 있다면 세상을 이롭게 하는 벼슬아치가 되고도 남는다.

한국의 벼슬아치들

얼마 전, 신문에 게재된 우리나라 국회의원들이 의사당으로 출근하는 모습과 작은 배낭을 메고 자전거를 타고 출근하는 덴마크 의원과 비교해서 쓴 칼럼을 두고 정치를 지망하는 사람과 논쟁을 벌인 일이 있다. 자기도 이런 구태를 개혁하고 바꾸어야 한다고 생각하지만, 오랜 시간 관행으로 이어져 오던 것이라 소수의 힘으로 당장 어떻게 할 수 없다고 한다. 거기에 덧붙여 지정학적으로 국가가 처한 상황이나 우리가 유교 국가의 국민임을 강조했다. 오백 년 과거제도와 선비문화를 이야기하며 한국만큼 그런 의식이 굳어져 버린 나라가 없다고 했다. 어쩌면 그들은 어려운 과거시험을 치르고 벼슬하기 위해 죽기 살기로 애썼으니 그깟 문이야 어디로 들어간들 무슨 상관이냐고 할는지도 모른다. 한국의 국회의원들은 들어가는 출입문 하나를 두고도 일반인과의 차별을 당연하게 생각하는 우월의식은 때와 장소 가리지 않는다.

그 나라 사람들과 우리는 문화와 교육여건이 다르고, 살아온 환경이 다르다는 말로 마무리하려는 그의 핑계가 정말 안타까웠다. 그런 프레임에 갇힌 사람들의 인간성숙도는 매사 겸손한 자세로 일을 대하는 사람을 따라가지 못한다. 그들과 어떤 경쟁에서도 승산이 없다. 자기가 어떤 벼슬을 하는 것이 중요한 게 아니고 어떤 모습의 벼슬아치가 되느냐가 중요하다. 벼슬아치에게 선비다운 바탕이 없으면 시류에 휩쓸려 똑같은 사람이 되어버리는 나약한 모습만 보이게 되고 당당해질 수가 없다. 몸으로 실천하지 못하고 말만 하는 벼슬아치만큼 공허한 사람도 없다. 바탕이 제대로 된 인물은 말이나 행동이 번잡하지 않고 명쾌할 뿐만 아니라 실천하고 행동이 반듯하다. 반대로 말과 글이 번지르르하고 경력이나 학벌이 제아무리 뛰어나도, 메마른 말만 앞서고 몸의 실천이 없다면 영혼 없는 허수아비와 다름없다. 그저 빛 좋은 개살구다.

내가 나의 주인이 되고 국민은 국민 스스로 주인이 되어 살아가는 세상, 그런 세상이 멀고 만들기 어렵다고 포기할 수는 없다. 서구 사람과 우리가 문화가 다르고 살아온 환경이 다르다는 것은 우리도 안다. 한 국가의 바른 토대가 되는 벼슬하는 사람들의 바른 처신은 고금(古今)을 통해 변하지 않았다. 그들이 국민을 섬기는 마음이 어떠해야 하는가는 시대를 관통하는 마음가짐이다. 우리 벼슬아치들에게 바라는 마음이 있다면 앞서가는 (덴마크 의원) 그들을 따라잡으려면 한순간의 점핑만으로는 절대 따라갈 수 없다. 자기 스스로 변하겠다는 마음이 한 켜 한 켜

쌓여 그 온축의 힘이 바탕이 되어야만 그들을 따라잡을 수 있다. 진정 보기 좋은 벼슬아치의 모습은 자신이 그 자리를 지키다 다른 사람이 오면, 있던 자리를 선뜻 내주고 떠나는 여행자의 모습이어야 한다. 한국의 정치인들은 자기가 있던 자리를 지키기 위해 한마디로 물불을 안 가린다. 그야말로 죽기 살기다.

나의 작은 생각 하나가 세상에 무엇을 얼마나 바꿀 수 있을까마는, 나의 이런 마음을 담은 하찮은 글 한 토막이 캄캄한 어둠 속에 켠 성냥불에 지나지 않는다고 해도 좋다. 그것이 밀어내는 어둠의 양이 아무리 적다고 해도, 나는 멈추지 않고 성냥불 켜는 일을 계속할 것이다. 작은 구멍 하나가 저수지 둑을 무너지게 하듯, 내가 켠 성냥불에 불붙이려는 사람이 차츰 많아진다면 나중에 커다란 횃불이 되어 온 사방을 밝힐지 아무도 모른다. 오늘 연암의 글 '장대에 오르기가 벼슬살이 같구나」라는 글을 읽으며 이 대목이 참으로 실감 나는 부분이라 내가 느꼈던 것을 글로 쓴다. 올라갔다 하면 내려올 줄 모르는 우리나라 벼슬아치들의 모습을 또 한 번 생각하게 되는 것은 지금의 우리 벼슬아치들의 행태가 너무 서글퍼서다. 남에게 떠밀리듯 마지못해 내려오는 벼슬아치들의 모습을 보고 있으면 구차하다 못해 초라하다.

● 유리창(流璃廠)

  유리창은 정양문 밖 남쪽 성 밑으로 뻗어서 선무문 밖까지 이른다. 이는 곧 연수사(延壽寺)의 옛터다. 송 휘종이 북으로 순행할 적에 정황후와 함께 연수사에서 묵었다. 지금은 공장이 되어 여러 가지 빛깔의 유리 기와와 벽돌을 만든다. 이 공장은 사람의 출입을 금하는데다, 기와를 구울 때면 금기하는 것이 많아서 비록 전속 기술자라도 넉 달 먹을 식량을 갖고 들어가되 일단 들어가면 마음대로 나오지 못한다고 한다. 공장 바깥은 모두 점포인데, 재화와 보물이 넘쳐난다. 서점 가운데서도 가장 큰 곳은 문수당(文粹堂), 오류거(五柳居), 선월루(先月樓), 명성당(鳴盛堂) 등이다. 천하의 거인(擧人)과 이름 있는 선비들이 대부분 여기에서 묵는다.

  수레를 몰아 정양문을 지나면서 어떤 이에게 물었다. 유리창은 몇 칸이나 됩니까? "모두 27만 칸입니다." 정양문에서 가로 뻗어 선무문에 이르기까지 다섯 거리가 다 유리창이다. 국내외의 진귀한 물건들이 다 모여드는 곳이다. 나는 한 누각에 올라 난간에 기댄 채 탄식하였다. "이 세상에 한 사람의 지기만 만나도 아쉬움이 없으리라." -유리창은 고서점 거리로 서울의 인사동과 같은 곳이다. 18세기 이래로 북경에 간 조선 사행들이 나라마다 이 거리를 서성이며 책을 구입하고 안경과 골동품 등 각종 물품을 사곤 했다. 거리의 이름이 유리창인 것은 이곳에 유리

기와를 굽던 공장이 있었기 때문에 붙여졌다. -

　(…) 아아, 사람들은 늘 스스로를 보고자 하나 제대로 볼 수가 없다. 그런즉 때로 바보나 미치광이처럼 다른 사람이 되어 자신을 돌아볼 때야 비로소 자신이 다른 존재와 다를 바 없음을 알게 된다. 그리고 그런 경지에 이르러야 비로소 얽매임이 없이 자유로워진다. 성인은 이 도를 운영하셨기에 세상을 버리고도 번민이 없었고, 홀로 서 있어도 두려움이 없었다. '남이 나를 알아주지 않더라도 성내지 않는다면 또한 군자가 아니겠느냐' 하였고 노자(老子)도 역시 '나를 알아주는 이가 드물다면 나는 참으로 고귀한 존재로다' 하였다. 이렇듯이 남이 나를 알아주기를 원치 않아서 자신의 옷을 바꾸기도 하고, 자신의 외모를 바꾸거나 이름을 바꾸는 경우도 있었다. 이는 곧 성인과 부처, 현자와 호걸 등이 세상을 하나의 노리개 정도로 간주하여, 천하를 다스리는 것과도 바꾸지 않은 까닭이다. 이럴 때, 세상에 단 한 사람이라도 자신을 알아보는 이가 있다면 그 자취는 드러나게 된다. 실제로 세상에 자신을 알아주는 단 한 사람의 지기가 없었던 적은 없다.

　(…) 요임금은 백성들을 살피기 위해 한미한 옷으로 바꿔 입었으나 격양가(擊壤歌)를 부르는 늙은이가 나타났고, 석가가 얼굴을 달리 하였으나 아난(阿難:석가의 수제자)이 그를 알아보았다. 태백(太白)은 몸에 문신을 하고 남만(南蠻)으로 떠나갔으나 중옹(中雍)이 뒤를 따랐고, 예양(豫讓)은 몸에 옻칠을 하였어도 알아보는 벗이 있었다. 삼려대부(三閭大夫) 굴원이 창백한 얼굴을 했어도 그를 알아보는 어부(漁夫)가 있었고, 범려가 오호(五胡)에 배를 띄울 때 서시(西施)가 그 뒤를 따랐다. 장록(張祿)이 객관에서 가만히 걸을 때에도 수가(須賈)가 있었다. 장자방(張子

房)은 이교(坦橋) 위를 조용히 거닐다가 황석공(黃石公)을 만났다. 이제 나는 이 유리창 중에 홀로 서 있다.

■

사람은 자기를 알아주는 상대 앞에서 존재하는 법이다. "우리 모두/ 무엇이 되고 싶다./ 나는 너에게 너는 나에게/ 잊히지 않는 하나의 눈짓이 되고 싶다." 김춘수의 '꽃'의 마지막 詩구절처럼. 살아보면 그런 상대와의 만남이 진정한 만남이라는 것을 젊었을 때보다는 나이 들어갈수록 실감하게 된다. 이런 말도 있지 않은가. '여자는 자기를 사랑하는 사람을 위해 목숨을 버리고 남자는 오직 자기를 알아주는 사람을 위해 목숨을 버린다'는 말이다. 요즘 세상에는 그 말이 옛말이 된 지 이미 오래다. 외로운 사람들로 넘쳐난다. 사람들로 붐비는 도회지에도 구석구석 사막이 있다. 수많은 사람 속에 살아도 진정한 만남이 없다면 그것이 바로 사막이다. 연암의 말처럼 "이 세상에 한 사람의 지기만 만나도 아쉬움은 없으리라." 했듯이 살며 자기를 알아주는 사람이 한 사람만 있어도 그 사람 인생길에 사막은 없을 것이다.

다산 정약용은 "군자저서전유구일인지지(君子著書傳唯求一人知知) —군자가 책을 써서 전하는 것은 다만 그 책을 알아주는 한 사람을 구하기 위해서다."라고 한 것처럼, 많은 사람이 자기를 알아주기를 바라기보다는 어떤 한 사람이라도 나를 알아준다면 그것으로 만족한다는 말이다. 그것이 남과 더불어 살아가는 사람의 올바른 태도이다. 진정으로 너그럽고 따뜻한 모습은 어떠한 관심도 받지 못하고 사라져 가는, 어떤 기억의 보살핌도 받지 못하고 잊혀가는, 그런 것을 살피고 기억해 주는 사람이다.

사람은 누구든 자기에게 관심을 두고 지켜봐 주는 사람이 있는 한 좌절하지 않고, 포기하지도 않는다. 이처럼 누군가가 나를 알아주는 사람이 한 사람이라도 있다는 것은 자기 삶을 추동(推動)하는 힘이다.

요즘은 외로움을 이기지 못해 그런 만남을 쉽게 포기하는 사람이 많다. 내가 살려고 하면 어디든 길이 있는 법이고 또 인생에서 우리가 견디려고 마음먹는다면 견디지 못할 시련은 없다. 유학에서는 사람이 가장 경계해야 할 것 중 하나가 자포자기(自暴自棄)라고 했다. 스스로 난폭하게 하는 자포(自暴)와 스스로 버리는 자기(自棄)라고 했는데 어떤 경우에도 자기가 자기를 버리는 일만큼은 없어야 한다. 그런 사람 대부분은 아무에게도 관심받지 못하고 세상에 그늘지고 소외된 곳에서 잊혀가는 사람들이다.

요즘 사람들은 하나같이 외로움을 견디지 못한다. 무료함을 견디지 못해 누군가든 만나야 하고 허전함을 메우기 위해 어디로든 가야 한다. 외로움을 못 이겨 누군가를 만나고 오거나 어디론가 갔다 돌아오는 날이면 외로움은 그림자처럼 따라와 더 깊은 외로움으로 빠져들게 한다. 외로움이란 피하면 피할수록 거머리처럼 내 몸에 찰싹 달라붙어 몸 안에 피를 빨아대며 사람을 지치게 만든다. 결국, 외로움으로부터 멀리 도망치는 일은 내가 누릴 수 있는 고독의 기회를 놓쳐버리는 일이다. 그렇게 놓친 것은 다른 사람과의 진정한 소통을 위해 꼭 필요한 조건이다. 하지만 내가 외로울 때는 그것을 알면서도 당장 어쩌지를 못한다. 세상 수많은 인간에 둘러싸여 살아가면서도 영원히 혼자일 수밖에 없다는 인간의 숙명성은 인간이란 존재의 본질을 되돌아보게 한다.

한 가지 더 안타까운 모습은 요즘 사람들은 도시의 사막이 두려워서라기보다는 자기를 알리지 못해 안달하는 사람이 많다. 알아주는 사람이 없어 외로운 것도 문제지만, 자기를 알리기 위해 죽기 살기로 애쓰는 것을 보면 그들도 한편으로는 안 그런 것 같아도 실은 군중 속의 외로움처럼 외롭다. 어쩌면 도시의 사막이 모래사막보다 더 무서울지도 모른다. 그런 사람 대부분은 자기를 알리는 방법이 서툴기도 하지만 하나같이 마음이 조급하다. 아무리 마음 바빠도 실을 바늘귀에다 제대로 꿰어야 한다. 조금 더디게 가더라도 옳게만 간다면 결국은 자신이 원하던 것을 얻을 수 있을 터인데 그 느림을 못 견딘다. 사람들이 꼭 명심해야 할 것은 '성급함은 어리석음의 어머니'란 말이다. 이것만큼은 서두를수록 일을 그르치게 된다는 것을 기억해야 한다.

나를 알아주는 사람

　사회 지도층에 있는 사람이나 정치인 할 것 없이 세상 누구이든 모두 자신을 알아주기를 원한다. 언제나 자기 말과 행동이 진실이고 하는 일이 대부분 옳다는 것을 남들이 알아주기를 간절히 바란다. 무언가 알아줄 건더기가 있어야 남들이 알아줄 터인데, 아무것도 아닌 걸 가지고 호들갑 떠는 사람이 유난히 많은 세상이다. 소학(小學)에 있는 글이다. "내가 맡은 직책과 일을 부지런히 행하고 그 밖의 것에 대해서도 신중하게 하지 않는 일이 없다. 이것이 내가 남들이 알아주기를 구하는 방법이다." 이보다 더 멋지고 근사한 방법은 어디에도 없다. 이 글은 읽으면 읽을수록 맑은 가을 하늘 달빛처럼 은은하고 글 속에 담긴 뜻이 향기롭다. 모두 남보다 조금이라도 나은 게 있으면 가만히 있지 못하고 자기를 자랑하고 싶다. 남들에게 알리기에 바쁜 요즘 세상에 이런 말을 가슴에 담아두는 사람이 있기나 할까. 어쩌면 내가 모르는 어디엔가 있을지도 모르지만 여태 나는 그런 사람을 내 눈으로는 한 번도 보질 못했다.

　남에게 자랑하지 않고, 자신을 알아줄 것을 바라지 않고, 다른 사람의 이야기를 묵묵히 들으며 자기 일을 하는 사람을 두고 융통성 없고 고지식하다고 말하는 사람도 있다. 나는 아무리 융통성 없고 고지식해도 그런 사람이 정말 그립다. 신의를 헌신짝처럼 저버리고 남의 아픔을 딛고 수월하게 일어서려는 사람이 지천이다. 그런 세상인 지금은 어디를 둘러봐도 내가 찾는 사람은 보이지 않는다. 반드시 기억하고 있어야 한다. 남을 아프게 해서 얻은 행복이라면 그건 행복이 아니라 자기 스스로 죄짓는 일이다. 어쩌면 사람은 남에게 자신을 알리는 일에서 자기 존재를 의식하고 삶에 의미를 찾는지도 모른다. 그런 과정에서 누군가 자신을 알아주는 사람이 있다면 금방 자긍심을 느끼고 거기에 삶의 가치를 둔다. 사람이라면 누구나 가지는 생각이다. 솔직히 말해 우리 스스로 생각해도 그렇지 않은가.

 지난날에는 자기를 알리는 것은 생각조차 하지 않고, 그늘지고 소외된 곳에서 빛과 소금이 되어 남과 나라를 위해 고난의 세월을 살다 간 사람들이 더러는 있었다. 바로 그들이 우리에게 오늘을 있게 했다. 그들은 자기 일을 남들이 알아주기를 바랐다면 그런 일을 할 수 없었다. 계산되지 않고 아무런 대가 없이 타인과 자신에 대한 순수한 사랑만이 그 일을 할 수 있다. 자신이 하는 일이 남들에게 알려지기를 바라는 마음이 드는 순간, 일의 순수성을 잃어버린다. 그런 마음이 들지 않을 때, 남들에게 알려지는 것은 흐르는 물을 막을 수 없듯이 사람들에게 저절로 알려진다. 그렇게 알아주는 것이라야 사람들의 기억에 오래 남는다. 세월이 흐른 지금은 그들을 알아주지 않는가. 그들은 모르겠지만 연암은 유리창 거리에 서서 "공자는 남들이 자기를 알아주지 않더라도 성내지 않는다면 군자가 아니겠는가?'라고 하였고 노자는 '날 알아주는 자가 드물어야 내가 귀하다고 했다."라며 자기 자신을 위로했다.

 지난 세월 힘들고 어려운 시절이 많았지만, 지금의 세대는 그때를 알지 못한다. 지난 세월을 되돌아보면 가슴 아프고 옛날 배고팠던 시절이 생각나 눈시울이 뜨거워지는 사람들이 많을 것이다. 세상은 풍요가 넘쳐 도를 넘은 지가 이미 오래다. 우리가 지금의 자유와 풍요로움이 하늘에서 그냥 뚝 떨어진 것이 아님을 안다면 우리는 조금이나마 지난 역사를 안 것이다. 이 사회가 소학(小學)의 말처럼 "자신이 맡은 일을 부지런히 하고 그 밖의 일들도 신중하게 하는 사람들로 넘쳐난다면" 과연 어떤 모습일까. 나는 가끔가다 책상 앞에 앉아 그런 세상을 생각할 때면, 쓸쓸한 생각이 들어 그만 실없는 웃음이 나온다.

 자신이 이룬 업적들이 아무리 흥미롭더라도 실천적이고 경험이 동반되지 않으면 아무런 가치가 없다. 행복에 관한 그 어떠한 이론적 논문도 경험만큼 의미가 있을 수 없으며, 따라서 아무리 많은 글을 읽거나 이야기를 들어도 삶의 체험을 대신할 수 없는 법이다. 연암의 글을 읽으면 자신의 이야기에 단 한 가지도 사변(思辨)적이지 않다. 인간의 가치란 그가 품고 있는 이상에 따라 결정된다는 사실을 연암의 모습을 보고 또 생각하며 깨닫는다. 진정한 인격자란 대화 할 때는 상대방의 말을 주의 깊게 듣고 행동할 때는 무엇을 하는 가를 알고 있어야 한다. 연암은 상대가 하인이든 벗이든 길 가다 만난 사람이든 대화할 때는 상대방의 말을 주의 깊게 듣고, 행동할 때는 자신이 무엇을 하는 가를 알고 있는 사람이다. 자기를 알리지 않아도 사람들이 저절로 알아본다. 세월이 흐른 지금 연암에 대한 인식은 더 그렇다.

● 밤에 고북구를 나서며
야출고북구기(夜出古北口記)

  (…) 무령산을 따라 배를 타고 광형하를 건너 밤에 고북구를 빠져나왔다. 때는 바야흐로 야삼경. 겹겹의 관문을 나와 장성아래 말을 세웠다. 높이를 헤아려보니 십여 장이나 된다. 붓과 벼루를 꺼낸 뒤 술을 부어 먹을 갈았다. 장성을 어루만지면서 벽한 귀퉁이에 이렇게 썼다. "건륭 45년 경자 8월 7일 야삼경 조선의 박지원 이곳을 지나노라" 그리고는 크게 웃으면서 말했다. "내 한낱 서생일뿐이로구나. 머리가 희끗희끗해져서야 비로소 장성 밖을 나가게 되다니."

  (…) 아, 슬프다! 여기는 예로부터 수많은 전쟁이 벌어진 곳이다. 후당(後唐)의 장종이 유수광을 잡자 별장 유광준이 고북구에서 이겼고 거란의 태종이 산의 남쪽을 취하려고 먼저 고북구로 내려왔었다. 여진이 요나라를 멸망시킬 때, 회윤이 요나라 군사를 대파한 것도 바로 여기였으며, 원나라 문종이 즉위하자 당기세가 군사를 주둔시킨 곳도 여기였으며, 신돈이 상도 군사를 추격한 곳도 여기였다.

  그런가 하면 몽고의 독견첩목아(禿堅帖木兒)가 쳐들어 올 때 원나라 태자는 이 관문으로 탈출하여 흥송(興松)으로 달아났다. 명나라 가정 연간(1522-1566)에 엄답이 수도 북경을 침범할 때도 모두 이 관문을 경유하였다. 성 아래는 길길이 날뛰며 싸우던 전쟁터였건만 지금은 온 천하가 전쟁을 멈춘 지 오래되었다. 오히려 사방으로 산이 둘러싸여 있어 수많은 골짜기들이 쓸쓸하고 적막하기만 했다.

때마침 상현달이 고개에 드리워 떨어지려 한다. 그 빛이 사늘하게 벼려져 마치 숫돌에 갈아놓은 칼날 같았다. 마침내 달이 고개 너머로 떨어지자, 뾰족한 두 끝을 드러내면서 갑자기 시뻘건 뿔처럼 변했다. 마치 횃불 두 개가 산에서 나오는 듯 했다. 북두칠성의 자루 부분은 관문 안쪽으로 반쯤 꽂혔다. 벌레 소리가 사방에서 일어나고 긴 바람이 싸늘하다. 숲과 골짜기도 함께 운다. 짐승같이 가파른 산과 귀신같이 음산한 봉우리들은 창과 방패를 벌여 놓은 듯하고, 두 산 사이에서 쏟아지는 강물은 사납게 울부짖어 철갑으로 무장한 말들이 날뛰며 쇠북을 울리는 듯하다. 하늘 저편에서 학 울음소리가 대여섯 차례 들려온다. 말게 울리는 것이 마치 피리소리가 길게 퍼지는 듯한데, 더러는 이것을 거위 소리라고도 했다.

후지(後識)

(…) 다만 한스러운 것은 붓이 가늘고 먹이 말라 글자를 서까래만큼 크게 쓰지도 못하는데다, 시를 지어 장성의 고사도 만들어내지 못했다는 점이다. 조선으로 돌아가면 고을에서 다투어

몰려와 술을 주고받으며 열하에 대해 물을 것이다. 그러면 이 기록을 꺼내놓고 머리를 맞대고 한번 읽으면서 책상을 치며 이렇게 외쳐보리라. "기이하구나! 참으로 기이하구나!"

■

　조선 반도 오천 년 이래 최고의 명문장이라 일컬어지는 야출고북구기(夜出古北口記)를 길게 옮기는 까닭은 견마 잡이 창대를 뒤에 남겨두고 직접 말고삐를 잡고 칠흑같이 어두운 밤에 한 줄기 별빛을 바라보며 '고북구'를 통과하는 장면은 열하일기의 수많은 이야기 중에서도 가장 으뜸으로 여겨지기 때문이다. 무엇보다 중요한 것은 그 당시 갖은 고생 끝에 연경에 도착한 연암은 아무리 황제의 명이라 해도 피서산장이 있는 열하에는 가도 그만 안 가도 그만인 처지였다. 만약 홍대용과 이덕무, 박제가처럼 그냥 연경에 머물렀다면 연암의 글 역시 한편의 여행기에 그치고 말았다. 열하에는 가지 않았으니 당연히 열하일기라는 제목의 글도 쓰지 못했고, 중국이란 나라의 인정물태(人情物態)에 대한 생생한 기록을 남기지 못했다.

　삼종형의 설득도 작용했겠지만, 연암의 마음을 움직인 것은 조선의 선비들이 한 번도 가보지 못했던 곳이라 그곳에 대한 연암 특유의 호기심 발동했는지도 모른다. 그런 한 번의 결심은 연암에게 삶의 물길을 바꾸어 놓았고 후세 사람들이 아무도 흉내조차 내지 못할 금자탑을 쌓았다. 나 또한 이 글을 여러 번 읽었다. 읽을 때마다 항상 이 부분에 와서는 고북구를 지나며 연암이 느꼈던 것과 똑같은 심정이 된다. 마치 내가 연암이 보았던 고북구의 달빛 아래 서서 하늘 저편에서 들려오는 학 울음소리를 듣는 환상에 빠져든다. 정말 좋은 글이란 시대의 간극(間隙)을 뛰어넘어 작가와 독자가 하나 되는 글이다.

  글이란 말하지 않고 보여 주라는 말이 있듯이 기쁨과 슬픔을 독자가 느끼고, 분노의 마음도 글을 읽는 사람이 분노해야 한다. 나 역시 산문을 쓰지만, 산문을 쓰는 사람이라면 누구든 연암의 이 글을 읽고 또 읽어도 좋다. 나는 저녁에 연암의 글을 읽다가 책을 덮고는 얼마간 시간이 지나고 밤중에 내가 쓴 글을 읽어보면 어떨 때는 내 글이 한심해 보일 때도 있다. 입만 열었다 하면 한소리 또 하고 아무것도 새로운 것 없이 지루한 이야기만 계속하는 나는 보여 주기는커녕 내 말하는 것마저도 바쁘기만 하다. 남에게 보여 줄 거리를 찾지 못하는 것은 당연하다. 솔직히 말해 지금 내 제주로는 주절주절 입으로 말하지 않고, 그 무엇인가를 보여 주고 싶어도 그럴 능력도 안 된다.

  고북구는 참으로 사연이 많고도 많은 곳이다. 연암은 그곳을 지나며 붓과 벼루를 꺼낸 뒤 술을 부어 먹을 갈고는 장성을 어루만지며 벽 한 귀퉁이에 쓴 글이 "건륭 45년 경자 8월 7일 야삼경 조선의 박지원, 이곳을 지나노라" 그리고는 크게 웃으며 말했다. "내 한낱 서생일 뿐이로구나. 머리가 희끗희끗해져서야 비로소 장성 밖을 나가게 되다니"라고 했다. 나는 이 글을 읽을 때마다 시대를 훌쩍 뛰어넘어 연암이 살던 시절로 돌아가 연암의 일행 중 누가 되었든, 직접 말을 몰고 야삼경에 별빛을 보며 고북구를 지나가는 내 모습을 생각한다.

  언젠가 이 글을 다시 읽던 날, 생각이 깊어진 탓인지 잠이 오질 않아 집에서 나와 가까운 남산에 오르니 달빛이 온산에 가득했다. 선사시대 유적지가 있는 잔디밭 가운데를 거닐기도 하고 나무 의자에 앉아 바라보는 주변 나무들은 달빛을 받아 신비로웠다. 문득 어느 면에서든 아름다운 것은 결국 그 자체가 아름답기 때문이지 어떤 외부적 요소 때문이 아니라는 생각이 들었다. 따라서 그에 대한 찬양이 그 아름다움의 한 요소는 될 수 없다. 이것은 자연물이든 예술작품이든, 자연현상이든, 모든 것에 해당한다. 정말로 아름다운 것은 찬사가 필요 없다. 야삼경 고북구를 지나며 장성 앞에 서서 상현달 달빛 아래 성벽에다 글 쓰는 연암의 모습이 그렇다.

● 하룻밤에 아홉 번 강을 건너다(一夜九渡河記)

 (…) 모래 벌 위 거대한 바위는 한쪽에 우뚝 서 있다. 강둑의 버드나무 숲은 어둑어둑하여 정령들이 여기저기 뛰어다니며 사람들에게 장난을 거는 듯하고, 옆에서는 교룡과 이무기가 사람들을 물속으로 끌어들이려는 듯하다. 어떤 이는 이렇게 말했다. "여기가 옛날 전쟁터인 탓에 강물이 저렇게 우는 거야.

 하지만 사실은 그게 아니다. 강물소리는 어떻게 듣느냐에 따라 전혀 달라진다. 내 집은 깊은 산속에 있다. 문 앞에 큰 시내가 있는데, 매년 여름철 큰비가 한번 지나고 나면 물이 급작스레 불어나 수레와 기병, 대포와 북이 울리는 듯한 굉장한 소리를 듣게 되고 마침내 그것은 귀에 큰 재앙이 되어 버렸다.

 내 일찍이 문을 닫고 누워 가만히 이 소리들을 비교하며 돌아본 적이 있었다. 깊은 소나무 숲이 퉁소 소리를 내는 듯한 건 청아한 마음으로 들은 탓이요, 사이 갈라지고 언덕이 무너지는 듯한 건 성난 마음으로 들은 탓이요, 개구리 떼가 다투어 우는 듯한 건 교만한 마음으로 들은 탓이다. 만개의 축(筑)이 번갈아 소리를 내는 듯한 건 분노한 마음으로 들은 탓이요, 천둥과 우레가 마구 쳐대는 듯한 건 놀란 마음으로 들은 탓이요, 거문고가 우조(羽調)로 울리는 듯한 건 슬픈 마음으로 들은 탓이요 이는 모두

바른 마음으로 듣지 못하고 이미 가슴속에 자신이 만들어놓은 소리를 가지고 귀로 들은 것일 뿐이다.

 (…) 나는 이제야 도를 알았다. 명심(冥心)이 깊고 지극함 마음)이 있는 사람은 귀와 눈이 마음의 누(累)가 되지 않고, 귀와 눈만을 믿는 자는 보고 듣는 것이 더욱 섬세해져서 갈수록 병이 된다. 지금 내 마부는 말에 밟혀서 뒷수레에 실려 있다. 그래서 결국 말의 재갈을 풀어주고 강물에 떠서 안장 위에 무릎을 꼰 채 발을 웅크리고 앉았다. 한번 떨어지면 강물이다. 그땐 물을 땅이라 생각하고, 물을 옷이라 생각하고, 물을 내 몸이라 생각하고, 물을 내 마음이라 생각하리라. 그렇게 한번 떨어질 각오를 하자 마침내 내 귀에는 강물 소리가 들리지 않았다. 무릇 아홉 번이나 강물을 건넜지만 아무 근심 없이 자리에서 앉았다 누웠다 그야말로 자유자재한 경지였다.

 옛날 우임금이 강을 건너는데 황룡이 배를 등에 짊어져서 몹시 위험한 지경이었다. 그러나 삶과 죽음에 대한 판단이 먼저 마음속에 뚜렷해지자 용이든 지렁이든 눈앞의 크고 작은 것에 개의치 않게 되었다. 소리와 빛은 외물(外物)이다. 외물은 언제나 귀에 누가 되어 사람들이 보고 듣는 바른 길을 잃어버리도록 한다. 하물며 사람이 세상을 살아갈 때, 그 험난하고 위험하기가 강물보다 더 심하여 보고 듣는 것이 병통이 됨에 있어서야. 이에, 내가 사는 산속으로 들어가 문 앞 시냇물 소리를 들으면서 다시금 곱씹어볼 작정이다. 이로써 몸가짐에 재빠르고 자신의 총명함만 믿는 사람들을 경계하는 바이다.

■

  연암이 "나는 이제야 도를 알았다."라고 한 말은 한순간의 외침이 아니라 진정으로 도를 안 것이다. 강물에 뜬 채 말 위에 웅크리고 앉아 깨쳤다는 연암의 도(道)는 노자의 상선약수(上善若水)라는 말과 같이 무위자연(無爲自然)에 순응하는 도의 자세에 가깝다. 이왕 말을 시작했으니 도에 관해 여러 각도에서도 알아보는 것도 좋지 않을까 싶다. 왜냐하면, 연암의 그 외침(나는 이제야 도를 알았다)은 너무도 깊은 뜻을 함축하고 있기 때문이다. 나는 동서양 철학의 주변을 헤매고 다니다 아래의 글을 통해 도라는 말의 개념(槪念)을 정확히 알고 늘 기억하고 있다. 서양의 철학도 道에 관한 개념은 동양철학과 같은 맥락이라는 생각도 마찬가지다. 나 역시 전에는 도에 관해 분명하게 알지 못했지만, 지금은 그렇지 않다. 이처럼 道에 관해 여러 학자의 말을 인용하며 장황하게 늘어놓은 이유는 내 글을 읽는 독자도 道라는 것이 무엇을 말하는 것인지 아는 사람이 대부분이겠지만 혹시라도 좀 더 알고 싶은 사람이 있다면, 내가 아는 것만큼 함께 공유하는 것도 좋지 않을까 하는 생각 때문이다.

  "중국 사상가 후스는 도는 '일종의 무의식개념'이라고 분석하였고, 펑유란 선생은 '도는 천지 만물이 생겨나는 총체적 원리'라고 인식하였으며, 장따니엔 선생은 '도는 우주의 궁극적인 근본'이라고 설명하였다. 대종사(大宗師) 에서는 도는 마음으로 전할 수는 있으나 입을 통하여 가르쳐줄 수 없고 볼 수도 없다는 것은 곧 도가 감관으로 감지할 수 없는 비물질적 절대임을 의미한다. 도는 사유의 구상(構想)일 뿐이고 세계의 근본으로 간주하는 추상적 관념이다. 간단히 말하면 도는 절대화된 관념적 실체이다."

마음은 아무 일 없을 때가 제일 즐겁고 바람은 저절로 불어올 때 맑고 시원하다. 물을 두려워하지 않는 갓난아이는 참으로 평화롭게 물 위에 뜰 수 있다. 고통과 불안은 그것 자체로서는 아무것도 아니지만, 우리가 그것에 저항할 때 온갖 사단이 생기고 삶이 혼란해진다. 사람이 강물처럼 살수만 있다면 얼마나 좋을까. 강물은 막히는 곳이 있으면 돌아가고 가다 낭떠러지가 있으면 망설임 없이 떨어져 제 몸을 부순다. 웅덩이가 있으면 그곳을 채우고 있다가 뒷물을 기다려 흐른다. 그러다 또 바위를 만나면 거부하지 않고 제 몸을 갈라서 흐르고 큰 강에서는 바람과 구름을 싣고 유유히 넓은 바다로 흘러간다. 이처럼 길게 말하지 않아도 우리는 노자의 상선약수(上善若水)라는 말의 참뜻이 무언지를 알게 될 것이다.

물과 도(道)에 관한 숱한 이야기가 있지만, 그중에서도 언젠가 책을 읽으며 메모해둔 '우생마사'라는 글은 많은 뜻을 함의(含意)하고 있다는 생각이 들어 여기에 옮긴다. 읽을수록 우리에게 전하는 바가 적지 않다. 이야기는 우리 일상에서 어디든 적용되는 내용이다. 사람이 살아가며 이것 한 가지만 제대로 알고 있어도 삶의 물길이 바뀔지도 모른다.

우생마사(牛生馬死)

"아주 커다란 저수지에 말과 소를 동시에 던지면 둘 다 헤엄쳐서 나온다. 말이 헤엄 속도가 훨씬 빨라 거의 소의 두 배 속도로 땅을 밟는데, 네발 달린 짐승이 헤엄을 그리 잘 치는지 보고 있으면 신기하다고 한다. 그런데 장마기에 큰물이 지면 이야기가 달라진다. 갑자기 몰아닥친 홍수로 강가의 덤프트럭이 물살에 쓸려가는 그런 큰물에 소와 말을 동시에 던져보면 소는 살아 나오는데 말은 익사 하는 것이다.

그 이유는 다음과 같다. 말은 자신이 헤엄을 잘 치는데 강한 물살이 자신을 떠미니깐 그 물살을 이기려고 물을 거슬러 헤엄쳐 올라간다. 1미터 전진하다 물살에 떠밀려 1미터 후퇴를 반복하다가 한 20분 정도 헤엄치다 보면 제자리에 맴돌다가 나중에 지쳐서 물을 마시고 익사해 버린다. 그러나 소는 절대로 물살을 위로 거슬러 올라가지 않는다. 그냥 물살을 등에 지고 떠내려가면서 저러다 죽겠다 싶지만, 10미터 떠내려가는 와중에 한 1미터 강가로 나오고 또 10미터 떠내려가면서 또 1미터 강가로 나오고, 그렇게 한 2-3 킬로미터 떠내려가다 어느새 강가의 얕은 모래밭에 발이 닿고, 엉금엉금 걸어 나오는 것이다."

참 신기한 일이다. 소보다 헤엄을 두 배 잘 치는 말은 물살을 거슬러 올라가다 힘이 빠져 익사하고 헤엄이 둔한 소는 물살에 편승해서 조금씩 강가로 나와 목숨을 건진다. 우생마사(牛生馬

死) 말 그대로 소는 살고 말은 죽는다는 이야기다. 내가 연암의 아홉 번 강을 건너기를 읽으며 이 문장에 와서는 제일 먼저 떠오르는 것이 우생마사라는 교훈적 글이었다. 물 위에서 도를 깨달은 연암의 마음이나 소의 마음은 근본적으로 같다. 요즘 내 마음을 설레게 하는 것은 연암에 대해 알면 알수록 만남이 만남을 낳고 책이 책을 부르듯 고구마 줄기처럼 새로운 것들이 꼬리에 꼬리를 물고 내 곁으로 다가온다. 이렇게 글이란 나 자신이 새로워지며 나아간다는 사실에 스스로 놀란다. 이어서 장자(莊子)에는 물이 아닌 물에 뜬 배에 관한 이야기다. 물과 배는 다르지만 하나이고 다르면서도 하나인 불이무이(不二無異)이다.

"어떤 사람이 배를 타고 강을 건너다가 빈 배와 부딪치면 아무리 성질이 나쁜 사람이라도 화를 내지 않을 것이다. 왜냐하면 그 배는 빈 배이기 때문이다. 그러나 배안에 사람이 있다면 피하라고 소리칠 것이다. 그래도 듣지 못하면 다시 소리칠 것이고 마침내는 화를 내고 욕하기 시작할 것이다. 이 모든 일은 그 배 안에 누군가가 있기 때문에 일어나는 것이다. 그러나 배가 비어있다면 그는 소리치지 않았을 것이고 화를 내지도 않았을 것이다."

우생마사에 이어 옮겨 쓴 이유는 물 위에 뜬 배를 두고 그 안에 사람이 있음과 없음을 두고 한 이야기지만, 그냥 배를 물결처럼 볼 수만 있다면 그 마음 역시 道에 가깝다고 생각했기 때문이다. 세상을 건너는 나 자신의 배를 빈 배로 만들 수 있다면 아무도 나와 맞서거나 상처를 입히려 하지 않을 것이다. 남과 부딪힘 없이 다투지 않고 살아가려면 그냥 빈 배가 되어야 한다. 모든 분별을 내려놓고 텅 비어 있을 때 자유롭다. 내가 마음에서 내려놓은 만큼, 손에서 털어버린 것만큼, 다시 얻으며 그만큼의 자유를 누릴 수 있다. 이만큼 내려놓으면 이만큼 평화가 오고 저만큼 내려놓으면 저만큼 평화가 온다.

● 왕민호와 나눈 말들, 곡정필담(鵠汀筆談)

땅이 빛나는 까닭

 만물은 그 자체로는 빛을 내지 못하니 본체는 어둡지 않은 것이 없습니다. 예컨대 어두운 밤에 거울을 들여다보면 목석처럼 아무것도 비치지 않습니다. 이는 비록 거울이 비추는 성질을 지니고 있긴 하지만 스스로 빛을 내지 못함을 말해주는 것입니다. 햇빛을 빌린 연후에야 빛을 내기 때문에 그 반사하는 곳에 그림자가 생깁니다. 물과 밝음의 관계도 마찬가지입니다. 이제 땅덩어리 밖으로 바다가 둘러 있는 건 비유하자면 커다란 유리거울과 같습니다. 만일 달나라에서 이 땅을 바라본다면 마찬가지로 상현이니 하현이니 보름이니, 그믐이니 초하루니 하는 현상이 있겠지요. 불교의 설에 의하면, 저 달 속에서 춤추는 듯한 것이 곧 이 땅에 있는 산과 강의 그림자라고 합니다. 이는 달이 둥글고 텅 비어 밝기만 한 것이어서 마치 거울이 물건을 비추듯 대지를 그대로 복사한다고 생각한 겁니다.

 (…) 이른바 철요형(凸凹形)이란 것도 그림의 복사본처럼 산과 강의 높낮이가 달 가운데 그대로 비친 것이지요. 이는 모두 땅과 달의 본체는 아닙니다. 그리고 제가 달 속의 세계라고 말할 때, 거기에 정말로 하나의 세계가 있다는 건 아닙니다. 땅의 빛을 설명하기 위해 달 속의 세계를 임시로 끌어왔을 뿐이지요. 달의 위치에서 이 땅을 바라본다면 이 땅 위에서 저 달의 밝음을 바라보는 것과 다르지 않을 겁니다.

달에 관해 현지에서 만난 기풍액이라는 사람과 나눈 대화에 이런 글도 있다. "이날 밤 달빛이 유난히 밝았다. 기공과 함께 명륜당으로 나가 난간 아래를 거닐다가 달을 가리키면서 물었다." 달의 몸체는 항상 둥근데 햇빛을 빙 둘러 받기 때문에 땅에서 보면 달이 찼다가 기울었다 하는 것이 아닐까요. 오늘 밤 온 세상 사람들이 일제히 달을 본다면 장소에 따라 달이 살찌기도 하고 여위기도 하며, 짙기도 하고 옅기도 하지 않을까요. 별이 달보다 크고 해가 땅보다 큰데도 보기엔 그렇지 않은 이유는 멀고 가까운 차이 때문이 아닐까요. 만약, 그것이 참이라면, 해와 땅과 달은 모두 허공에 나란히 둥둥 떠 있는 별이라고 할 수 있을 것입니다. 별에서 땅을 볼 때도 또한 그렇게 보일 테지요. 결국 땅과 해와 달이 서로 꿴 듯이 이어져 세별이 반짝반짝 빛나는 것이 저 삼태성이나 다름없지 않습니까.

■
연암의 말은 내가 그 시절로 돌아가 왕민호의 처지가 되어 들어봐도 충분히 이해된다. 물과 밝음에 관한 것도 거울을 두고 땅과 비교하며 초승달에서 보름달로 변해가는 과정을 설명하는 부분에는 그 시대에 이런 과학적 사고와 식견이 너무도 뛰어나다는 것밖에는 할 말이 없다. 연암은 벌써 그때부터 기하학의 원리와 천체의 구조에 관해 요즘 사람 못잖은 지식을 갖고 있었다. 게다가 마지막에는 사람들이 달의 위치에서 이 땅을 바라본다면 이 땅 위에서 저 달의 밝음을 바라보는 것과 다르지 않을 거라는 말은 시인의 시어(詩語)처럼 문학적이다.

연행하며 만났던 사람들의 신상에 대한 상세한 이야기나 대륙을 오가며 보았던 갖가지 문물들, 북경의 자금성과 열하의 피서산장(避暑山莊)의 모습, 수많은 건물과 사찰 등을 학자가 지녀야 할 안목과 여행자의 시선으로 바라본 연암의 집중력은 지금 우리가 배워서 지녀야 할 수준 높은 경지다. 그 집중과 그에 대한 사색의 힘은 자신의 의지와 호기심, 거기에 새로운 것을 보고 배우겠다는 결사의 마음이 아니고서야 생각만으로는 될 수 없는 일이다. 그러니 이런 불세출의 여행기가 탄생한 것이다. 생각할수록 연암의 사물을 보는 날카로움과 어떤 것에 대한 집중력이 놀랍기만 하다. 연암의 사유 세계는 한국의 지리산만큼이나 넓고도 깊다. 연암의 어떤 이야기는 다 읽지 못한 한편의 詩와도 같다.

　다산 정약용은 자식들에게 보내는 편지에 "폐족에서 재주 있는 걸출한 선비가 많이 나오는 것은 하늘이 재주 있는 선비를 폐족에게서 태어나게 하여 그 집안에 보탬이 되려고 하려는 것이 아니다. 부귀영화를 얻으려는 마음이 근본정신을 가리지 않아 깨끗한 마음으로 독서하고 궁리하여 진면목과 바른 뼈대를 얻을 수 있기 때문이다."라고 했다. 이것은 집중의 힘이 얼마나 큰가를 이야기한 것이다. 폐족에게서 재주 있는 선비가 많이 나오는 것은 폐족이라서가 아니라 폐족이기에 과거를 볼 수 없었다. 그 힘을 과거 보는데 눈 돌리지 않고, 다른 것에 집중할 수 있어 그 일에 깊이를 뚫어 걸출한 선비가 될 수 있었다. 연암 역시 그 시절 혼탁한 정치 현실과 양반사회의 타락상을 직접 눈으로 보고 겪으며 그에 대한 혐오감으로 과거에 응시하지 않고 재야의 선비로 지내며 학문과 창작에 전념했다. 연암의 이런 앎의 힘도 어떤 것에서건 사람과 사물에 대한 호기심과 그것에 대해 알려고 하는 연암 자신의 집중에 대한 선물이라는 것이 지금 사람들의 시각이다.

어떤 것에 집중한다는 것

 오랜 시간 어떤 일에 집중하며 사는 사람은 그 모습에서 풍기는 분위기가 남다르다. 집중이 주는 즐거움과 행복은 경험해본 사람만이 안다. 무언가에 집중하는 사람은 남이 알아주고 알아주지 않는 데 따라 달라지지 않는다. 몰라준다고 속상해하지도 않고 알아준다고 으스대지도 않는다. 당당한 모습으로 '나는 나'라는 마음으로 사는 사람이다. 한 가지 일에 깊이를 뚫어 마음을 모으면 자기 삶을 꿰뚫어 볼 수 있고 그래서 자유롭다. 수행하는 스님의 삼매(三昧)에 든 모습처럼 자기 일에 집중하여 그런 경지에 들 수 있는 사람은 참으로 행복하다. 마음을 한곳에 모아 집중하는 진공(眞空)의 순간은 시간과 공간을 느끼지 않는 무중력 상태와 같은 절대의 경지다. 세상의 시간이라는 것도 여기에서는 멈춘다.

 이것저것 많은 것을 경험하고 사는 것도 좋은 일이지만, 나쁜 일을 제외한다면 한 가지 일에 집중하며 살 수 있는 사람은 복된 삶을 사는 사람이다. 흔히 그것은 젊었을 때 일이라 생각하지만 그건 나이와 상관없다. 나이가 들었고 젊은 시절 이미 많은 것들이 지나갔다고 포기하거나 체념하는 것은 어리석은 사람이나 할 짓이다. 세월은 멈추지 않고 흐르는데 아무것도 해놓은 것은 없으니 그래서 남은 시간이 더 소중하다. 마음먹지 않아서 그렇지 내가 좋아할 수 있는 일을 찾으려고만 한다면 어디에든 있다. 이것만은 꼭 알아야 한다. 옳지 못한 일에 집중하는 것은 그건 집중이 아니고 집착이다. 예컨대, 노름이나 마약 같은 것, 그런 집착은 언제나 욕심과 탐욕이 함께한다. 탐욕이 가는 길은 어떤 길을 가더라도 파멸의 길임을 잊어서는 안 된다.

　요즘 들어 긴 시간은 아니지만 하는 일에 마음이 쏠리면 깜빡 나를 잊는 시간이 있다. 정신없이 빠져 있다가 인기척이나 부르는 소리에 깜짝 놀라 정신 차리는 일도 있다. 살면서 쉽게 경험하지 못했던 일이다. 주변이 소란해도 집중할 일이 있으면 나도 모르게 그렇게 된다. 내가 경험한 어떤 것과도 바꿀 수 없는 즐거움이다. 어딘가에 몰입할 때는 한마디로 살아있음이 행복하다. 세월이 흐르지 않는 것 같다. 그 순간이 얼마나 경이로운지 겪어보지 않은 사람은 모를 것이다.

　사람이 그런 순간에 머무는 일이 많아진다면 틀림없이 행복하다. 돋보기에 햇빛을 모아 종이를 태우는 집중의 힘을 가질 수 있을 때, 우리가 못 할 일은 없다. 그런 이치로 내가 살고 싶은 삶을 꿰뚫어 불태울 수 있다면, 이보다 더한 환희로움이 어디에 있을까. 지금 나에게 그런 돋보기 하나만 있으면 세상 부러울 게 없다. 산다는 게 무엇일까. 그것은 일종의 자기연소 같은 것이다. 내가 나를 태우는 일이다. 이왕 태울 것이면 활활 타올라 마지막에는 바람에 날리는 재가 되어야 한다. 타다만 것은 보기 흉하다. 어떤 일에 실패했을 때, 실패한 고통보다는 그 일에 최선을 다하지 못했음을 깨닫는 것이 더 고통스러울 때가 있다. 더구나 그것이 자신의 나태함이나 게으름보다는 오만과 자만이 원인이라면 더는 말할 것도 없다.

● 8월 8일 갑인일(甲寅日) 日記 -맑게 갬

 열하에서 오는 나흘 밤낮 동안 한 번도 눈을 붙이지 못하였다. 그러다 보니, 하인들이 가다가 발을 멈추면 모두 서서 존다. 나 역시 졸음을 이길 수가 없어, 눈시울은 구름장을 드리운 듯 무겁고 하품은 조수가 밀려오듯 쉴 새 없이 쏟아진다. 눈을 빤히 뜨고 사물을 보긴 하나 금세 기이한 꿈에 잠겨버리고, 옆 사람에게 말에서 떨어질지 모르니 조심하라고 일깨워 주면서도 정작 내 몸은 안장에서 스르르 옆으로 기울어지곤 한다. 솔솔 잠이 쏟아져서 곤한 잠을 자게 되니 천상의 즐거움이 그 사이에 스며있는 듯 달콤하기 그지없다. 때로는 가늘게 이어지고, 머리는 맑아져서 오묘한 경지가 비할 때가 없다.

 이야말로 취한 가운데 하늘과 땅이요, 꿈속의 산과 강이었다. 바야흐로 가을 매미 소리가 가느다란 실오리처럼 울려 퍼지고, 공중에선 꽃들이 어지럽게 떨어진다. 깊고 그윽하기는 도교에서 묵상할 때 같고, 놀라서 깨어날 때는 선종에서 말하는 돈오(頓悟)와 다름없었다. 여든 가지 장애(팔십일난八十一難- 불교에서 말하는 81가지 미혹)가 순식간에 걷히고, 사백 네 가지 병(불교에서 말하는 사람 몸에 생기는 모든 병)이 잠깐 사이에 지나간다. 이런 때엔 추녀가 높은 고대광실에서 한 자나 되는 큰 상을 받고 시녀 수백 명이 시중을 든다 해도, 차지도 덥지도 않은 온돌방에서 높지도 낮지도 않은 베개를 베고, 두껍지도 얇지도 않은 이불을 덮고, 깊지도 얕지도 않은 술 몇 잔에 취한 채, 장주도 호접(胡蝶)도 아닌 그 사이에서 노니는 재미와 결코 바꾸지 않으리라.

※

아래의 글은 연암이 8월 9일 기풍액(奇豐額)이라는 중국 선비를 만나고 숙소에 돌아와 쓴 글이다. 일행들이 잠자는 모습을 보며 쓴 글이지만 열하일기 중에서도 가장 아름답고 인상적인 대목 가운데 하나다.

(…) 술병을 기울여 잔에 가득 따라 마시곤, 불을 끄고 조용히 나왔다. 홀로 뜰 가운데 서서 밝은 달빛을 바라보고 있노라니, 담 밖에서 소리가 들려온다. 장군부에 있는 낙타가 우는 소리다. 명륜당으로 나오니, 제독과 통관의 무리가 각기 탁자를 끌어다 한데 붙여놓고 잠들어 있다. (…) 오른쪽 행각에 들어가 보니 역관 셋과 비장 네 명이 한 구들에 엉켜 자는데 목덜미는 엇갈리고 정강이를 서로 걸친 채, 아랫도리는 가리지도 않고 있다. 모두들 천둥소리를 내며 코를 골아 댄다. 어떤 놈은 고꾸라진 병에서 물이 콸콸 쏟아지는 것 같고, 어떤 놈은 나무를 켤 때 톱니가 긁히는 소리 같고, 또 어떤 놈은 혀를 차며 사람을 꾸짖는 소리 같고, 어떤 놈은 쿵쿵거리며 남을 원망하는 소리 같다. 만 리 길을 함께 오면서 죽을 고생을 하였으니, 그 정분이야 오죽 애틋하랴. 친형제와 다름없어 생사를 함께할 정도일 것이다. 그런데도 같은 침상에서 다른 꿈을 꾸는 꼴이라니, 그들의 간담(肝膽)은 초나라와 월나라 사이처럼 멀기만 하다. 담뱃불을 붙이려고 나오니, 장군부에서 개 짖는 소리가 들려온다. 마치 표범소리인 양 사납게 으르렁거린다. 거기에 응답이라도 하려는 걸까. 야경

치는 소리가 마치 깊은 산중의 접동새 우는 소리 같다.

　뜰 가운데를 거닐기도 하고, 달려 보기도 하고 혹은 간격을 맞춰 걸어보기도 하면서 그림자와 더불어 한참을 희롱하였다. 명륜당 뒤의 늙은 나무들은 그늘이 짙게 드리웠다. 찬 이슬이 방울방울 맺혀 잎마다 구슬이 달린 듯 했고, 또 구슬 마다엔 달빛이 어리었다. 담 너머에서 또 삼경의 두 점을 쳤다. 아아, 슬프구나. 이 좋은 달밤에 함께 구경할 사람이 없으니, 어찌 우리 일행만이 잠들었을까. 도독부의 장군도 잠들었으리라. 쓸쓸함을 달래며 방으로 들어가 쓰러지듯이 베개에 머리를 묻고 그대로 곯아떨어졌다.

■
　이 글을 읽을 때는 사람들이 졸음에 겨운 모습을 어쩌면 이리도 실감 나고 맛깔스럽게 표현했는지, 연암의 너무도 인간적인 모습에 나도 모르게 저절로 웃음이 나왔다. 나 역시 글을 읽다가 그만 졸리는 것 같아 하품이 나왔다. 연암처럼 머리맡에 베개를 던져놓고 드러눕고 말았다. 나는 살면서 여태껏 한 번도 경험하지는 못했지만, 조정래의 소설《태백산맥》에는 지리산에서 활동하던 빨치산과 잠에 관한 이야기가 있다. 숨어있던 곳에서 국군에게 쫓겨 다른 곳으로 이동할 때는 며칠 동안 잠을 못 잤다고 한다. 어떤 대원은 길을 걷다가도 잠시 멈추는 시간이 있으면 곁에 있는 나뭇가지를 손으로 잡고 서서 졸았다는 실감 나는 대목이 있다. 사람 생존의 기본이 밥과 잠과 똥이라 했는데 그중에서 하나만 모자라도 이 같은 모습을 보인다. 이런 모습이 어디 잠뿐이겠는가. 며칠 동안 밥을 못 먹어도 그럴 것이고, 똥을 못 누어도 그럴 것이다. 잘 먹고, 잘 자고, 잘 싸는 것만큼 행복한 것이 또 어디 있을까.

　어찌 보면 살아있는 것 중에 사람만큼 허약한 동물도 없을 것이다. 식물이야 말할 것도 없겠지만, 살아 움직이는 것으로는 짐승이나 새 곤충을 막론하고 며칠 굶거나 잠을 못 잔 이유로 사람처럼 맥을 못 추는 생명은 내가 알기로는 없다. 그렇게 약한 동물인 인간이 오랜 시간 잠을 못 자면 견디지 못한다. 연암의 표현대로 두껍지도 얇지도 않은 이불을 덮고 잠에 빠져 꿈속에서 노니는 행복은 무엇과도 바꿀 수 없다. 중요한 것은 그런 잠을 자려면 첫째가 건강이 바탕 되어야 한다. 그러고 보면 생존의 기본조건이 밥과 잠, 똥이라 했듯이 이 모두는 건강한 몸이 아니면 누릴 수 없다. 가만히 생각해보면 우리 같은 서민이 부자와 권력자를 기본적 조건에서 뛰어넘을 수 있는 행복은 마음만 먹으면 어디든 찾을 수 있다. 그런 조건에서만 본다면 이 세상에는 불행한 부자와 권력자들이 얼마나 많은지 모른다. 이 세 가지를 다 갖춘 사람이 그들보다 훨씬 행복한 것은 말할 것도 없다.

　"우리들의 행복은 십중팔구까지 건강에 의해서 좌우되는 것이 보통이다. 건강은 바로 만사의 즐거움과 기쁨의 원천이 된다. 인생의 안일도 예지도 학식도 미덕도 건강이 아니면 빛을 잃고 사라져 버릴 것이다."라고 한 어느 철학자의 말처럼 인생에서 건강은 절대적이다. 그런 의미에서 만금을 가진 사람이나 무소불위의 권력을 가진 사람이라도 밥을 제대로 못 먹고 똥도 제대로 못 싸고 잠도 제대로 못 잔다면 과연 행복할 수 있을까. 나는 아무리 생각해도 그런 사람은 대부분 행복하지 못할 것 같다. 내가 자주 써먹는 말이지만 "금덩이를 손에 들로 고민하는 사람보다는 고구마 하나를 손에 들고도 웃는 사람이 행복하다."라는 성철스님의 말씀은 행복을 받아들이는 기준과 마음가짐이 객관적이 아니라 주관적이어야 한다는 말이다. 또 한 가지는 삶을 바꿀 수 있는 진정한 힘은 바로 내 안에 있음을 말한다. 바로 지금 내가 등 따습고 배부르면 그게 전부다.

주관과 객관의 차이가 어떠한지는 다음과 같은 비유를 들어보면 알게 될 된다. 일본의 철학자가 어느 날 자신을 찾아온 청년에게 한 말이다. "아는지 모르겠지만 우물물의 온도는 1년 내내 18도를 유지한다네. 이것은 누가 측정하든지 간에 똑같은 객관적인 수치지. 하지만 여름에 마시는 우물물은 차갑게 느껴지고, 겨울에 마시는 우물물은 따뜻하게 느껴진다네. 온도계는 늘 18도를 유지하지만, 여름과 겨울에 느끼는 정도가 다른 것이지." 이처럼 객관적 마음과 주관적 마음이 자신의 마음 안에 공존하고 있다. 거기에 덧붙인다면 "낙관론자는 장미꽃만 보고 염세주의자는 장미꽃은 보지 못하고 그 가시만 본다."라고 했던 칼릴 지브란의 말이다. 우리가 어떤 마음 안에서 살아야 할지 그것은 각자의 몫이다.

● 태학유관록(太學留館錄)

　태학유관록에 있는 말(馬)에 관한 글이다. 연암의 글에 말에 대한 이야기가 더러 있지만 이 글이 가장 상세하다. "말 등에다 짐을 싣는 일은 천하에 틀려먹은 노릇이다. 우리나라에서는 수레가 잘 다니지 않다 보니, 관청에서고 민간에서고 짐이란 짐은 오직 말에만 의존하여 말의 능력은 아랑곳하지 않고 무거운 짐을 엄청 실어댄다. 그래서 힘쓸 만한 먹이를 준다는 것이, 여물죽만 무작정 먹이는데 급기야 말 정강이는 힘을 못 쓰게 되고 발굽은 흐물흐물 한 번만 흘레를 겪으면 뒤를 못 가누게 된다."

　말을 다루는 솜씨가 틀렸다고 말한 것은 무엇 때문인가. 무릇 동물의 심정이란 것도 사람이나 다름없어 힘들면 쉬고 싶고, 답답하면 풀고 싶고 굽으면 펴고 싶고, 가려우면 긁고 싶어지게 마련이다. 비록 사람들이 여물을 줘야 먹는 처지이지만, 때로는 제 마음대로 늘어지고도 싶을 것이다. 그러므로 반드시 이따금 고삐를 풀고 물가에 놓아주어 답답한 기운을 풀어 줘야 한다. 이것이 곧 동물의 성질에 따라 그 뜻을 맞추어 주는 일이다. 우리나라에서는 말을 먹일 때 북 띠와 굴레가 느슨해질까 염려하여 될 수록 단단히 졸라맨다. 그리하여 빨리 달릴 때엔 견마 잡히는 고통에서 벗어나지 못하고, 쉴 때는 몸을 긁거나 땅에 뒹구는 재미를 맛보지 못한다. 사람과 말이 서로 뜻이 통하지 않아 사람은 툭하면 욕질이요, 말은 언제나 사납게 노기를 띤다. 이 때문에 말을 다루는 솜씨가 틀렸다고 말한 것이다.

한편, 말을 먹이는 방법이 옳지 못하다고 말한 것은 무엇 때문인가. 목마를 때 물 마시고 싶은 심정은 굶주릴 때 밥을 찾는 것보다 더 간절하다. 우리나라 말들은 이제껏 찬물을 마셔본 적이 없다. 그런데 말은 성질상 익힌 음식을 가장 싫어한다. 뜨거운 것은 병이 되기 때문이다. 콩이나 여물에 소금을 뿌리는 것은 짜게 하여 물을 마시게 하기 위해서이고, 물을 마시게 하는 것은 오줌을 잘 누도록 하기 위해서이고, 오줌을 잘 누도록 하는 것은 몸에 지닌 열을 잘 풀게 하기 위해서이다. 냉수를 먹이는 것은 정강이를 굳게 만들고 발굽을 단단하게 만들기 위해서이다. 그런데 우리나라 말들은 삶은 콩과 끓인 죽을 먹기 때문에 하루종일 달리고 나면 당장 신열을 못 이겨 병이 되고, 한 끼만 굶어도 기운을 못 써 느리고 둔해진다. 이 모두가 익힌 음식을 먹인 탓이다. 군마일 경우 죽을 먹이는 것은 더더욱 잘못이다.

■

이야기는 연암이 말에 관해 이야기했지만, 그것이 어디 말에 대한 것뿐이겠는가. 다른 동물이나 식물, 사람과 관계되는 또 다른 것에 대해서도 많은 생각을 하게 된다. 생각해보면 이것(말에 관한 연암의 생각)과 연관되지 않은 것이 거의 없다. 그런 이유로 내 생각과 철학자의 생각, 다른 생명들과도 늘 함께하는 사람의 생각에다 자연의 순리까지 뒤섞어 생각해도 좋을 것이다. 내가 유난히 좋아하는 아래의 글도 이런 맥락에서 옮겨 쓴 것인데, 당나라의 관리이자 문학가인 유종원이란 사람이 쓴 글이다. 다른 생물에 대한 연암의 사유 세계와 궤를 같이한다.

● 종수곽타타전(種樹郭橐駝傳)
유종원(柳宗元)

　곽탁타의 본 이름이 무언지 알지 못한다. 곱사병을 앓아 허리를 굽히고 걸어 다녔기 때문에 그 모습이 낙타와 비슷한 데가 있어 마을 사람들이 탁타라 불렀다. 탁타가 그 별명을 듣고 매우 좋은 이름이다. 내게 꼭 맞는 이름이라고 하면서 자기 이름을 버리고 자기도 탁타라 하였다. 그의 고향은 풍악으로 장안 서쪽에 있었다. 탁타의 직업은 나무 심는 일이었다. 무릇 장안의 모든 권력자들과 부자들이 관상수를 돌보게 하거나, 또는 과수원을 경영하는 사람들이 과수를 돌보게 하려고 다투어 그를 불러 나무를 보살피게 하였다.

　탁타가 심은 나무는 옮겨 심더라도 죽는 법이 없을 뿐만 아니라 잘 자라고 열매도 일찍 맺고 많이 열렸다. 다른 식목자들이 탁타의 나무 심는 법을 엿보고 그대로 흉내 내어도 탁타와 같지 않았다. 사람들이 그 까닭을 묻자. 대답하기를 나는 나무를 오래 살게 하거나 열매가 많이 열게 할 능력은 없다. 나무의 천성을 따라서 그 본성이 잘 발휘되게 할 뿐이다. 무릇 나무의 본성이란. 그 뿌리는 펴지기를 원하며 평평하게 흙을 북돋아 주기를 원하며 원래의 흙을 원하며 단단하게 다져주기를 원하는 것이다. 일단 그렇게 심고 난 후에는 움직이지도 말고 염려 하지도 말 일이다. 가고 난 다음 다시 돌아보지 않아야 한다. 심기는 자식처럼 하고 두기는 버린 듯이 해야 한다. 그렇게 해야 나무의 천성이 온전하게 되고 그 본성을 얻게 되는 것이다.

그러므로 나는 그 성장을 방해하지 않을 뿐이며 감히 자라게 하거나 무성하게 할 수는 없다. 일찍 열매 맺고 많이 열리게 할 수가 없다. 다른 식목자는 그렇지 않다. 뿌리는 접히게 하고 흙은 바꾼다. 흙 북돋우기도 지나치거나 모자라게 한다. 비록 이렇게 하지 않는다 하더라도 그 사랑이 지나치고 그 근심이 너무 심하여 아침에 와서 보고는 저녁에 와서 또 만지는가 하면 갔다가는 다시 돌아와서 살핀다. 심한 사람은 손톱으로 껍질을 찍어보고 살았는지 죽었는지 조사하는가 하면 뿌리를 흔들어 보고 잘 다져졌는지 아닌지 알아본다. 이렇게 하는 사이 나무는 차츰 본성을 잃게 되는 것이다. 비록 사랑해서 하는 일이지만 그것은 나무를 해치는 일이며 비록 나무를 염려해서 하는 일이지만 그것은 나무를 원수로 대하는 것이다. 나는 그렇게 하지 않을 뿐이다. 내가 달리 무엇을 할 수 있겠는가.

■

당나라 시대의 유종원(柳宗元)이라는 관리이자 문학가가 지은 글이다. 나무 심는 요령을 이야기하며 이것이 사람과 나라를 다스리는 정치로 옮기면 나무를 심는 것과 나라와 백성을 다스리는 이치가 같음을 가르쳐주는 교훈적 내용이다. 말을 기르고 보살피는 것이나 나무를 심고 보살피는 것은 근본적으로 다르지 않음을 이야기하는 두 글은 시대는 다르다. 그러나 의식 있는 사람들이 가진 생각의 바탕은 시대를 뛰어넘어 서로의 가슴속에 불꽃처럼 살아있다. 말이든, 나무든, 사람이든, 생명 있는 모든 것들은 이런 이치를 벗어나는 것은 없다. 그런데도 무조건 인간의 삶에 이익이 되는 것만 생각하고 그에 따른 눈높이에 맞춰 본성을 망가뜨리는 일이 얼마나 많은가. 생각할수록 인간의 욕심과 다른 생명에 대해 잔혹함이 두렵다.

　유전자 조작식물, 유전자 조작동물, 아무튼 살아있는 것들은 사람이 손대지 않은 것이 없을 정도다. 반대로 인간에게 필요 없는 것들이야 그것이 어떻게 되든 상관없다. 그저 필요한 것이면 무엇이든 닥치는 대로 손아귀에 틀어쥐고는 제 마음대로 조작하고 비트는 것이다. 꽃이든 나무든 인간의 손에 들어갔다 하면 제 모습을 지닌 것이 드물다. 우리는 동물이든 식물이든 다른 생명을 자신의 생명에 비추어 생각해보아야 한다. 입으로는 다른 것들도 생명은 소중한 것이기에 사랑한다고 하겠지만 몸으로 실천하지 못하는 것은 진정한 사랑이 아니다. 잘 알지 않은가? 행동이 따르지 않는 말이 얼마나 공허한지를. 사람이 손을 대서 더 아름다워지는 자연이 없다는 것을.

　대부분 사람은 식물이든 동물이든 그냥 두는 법을 알지 못한다. 계속 간섭하며 보호하려 들고 자기 마음에 들지 않은 상황을 그냥 두고 보지 못한다. 그것은 사랑을 핑계로 한 학대다. 진정한 사랑이란 넘어져도 간섭하지 않고 저 스스로 알아서 일어서도록 내버려 두어야 한다. 그래야만 말이든 나무든 제 본성을 찾고 스스로 살아가는 힘이 길러진다. 사람들은 이런 사실을 알려고도 하지 않고, 결국에는 자신이 저지른 잘못은 어김없이 되돌려 받는다는 사실을 외면하려 든다. 그만큼 다른 생명에 대해서는 생각이 깊지 못하다는 뜻이다. 내가 유종원과 다른 작가의 글을 옮긴 것도 그런 이유에서다.

※

　한국의 어느 작가는 "작지만 영롱한 빛을 지녔든 크지만 못생

겼든 간에 열매는 제 몸을 깎아서 만든 한해의 결실이다. 다냐? 시냐? 먹으면 몸에 좋으냐? 탈 나는 것이 아니냐? 에 관심이 많다. 어디까지나 사람의 기준으로 열매를 판단한다. 모든 야생의 열매가 사람의 몸에 이롭더라도 그것은 거의가 보잘것없이 작은데도 말이다. 만약 산에서 자란 머루가 거봉 포도와 마주쳤을 때 그것이 제 동족이 사람의 교묘한 훈련을 받아서 그렇게 된 줄을 아니 제 동족인 줄을 알아차릴 수 있을까? 어렵사리 알아봤다면 아마도 "세상에 불쌍하기도 해라, 어쩌다가 저런 병신이 되었을까?"라고 말하지 않았을까. 그 작가 역시 연암과 유종원의 시선과 닮았다. 유종원과 연암은 이미 오래전 사람이라도 동식물을 다루는 인간의 무지를 나무라는데, 세상이 달라진 지금 사람 곁에 가까이 있는 동식물들이야 말해 무엇 하겠는가.

*

또 다른 이야기는 중국의 관리학 박사인 자오위핑의 '자기통제의 승부사 사마의'라는 책을 보면 이런 글이 있다. "인도와 태국에 가면 어디서나 조그만 기둥에 쇠사슬로 1,000킬로그램이 넘는 육중한 코끼리를 붙들어 맨 광경을 볼 수 있다. 코끼리 사육사들은 이들 코끼리를 어렸을 때부터 가는 쇠사슬로 묶어 어린 코끼리가 아무리 힘을 써도 벗어날 수 없게 만들었다. 이렇게 해서 이들 코끼리 들은 이 쇠사슬을 영원히 벗어날 수 없는 족쇄로 인식하게 되었고 이후 1,000킬로그램이 넘는 코끼리로 성장했을 때도 여전히 쇠사슬에 묶여 있게 된 것이다. 사실 이들 코끼리가 조금만 힘을 쓰면 바로 쇠사슬을 끊어 버릴 수 있을 이지만 이를 생각조차 하지 못했다. 그래서 주인들은 코끼리가 쇠사슬을 벗어날 것이라는 걱정을 하지 않고 있다."

코끼리에 관한 이야기는 습관에 의해 길드는 짐승을 두고 사람 일에다 비유했겠지만, 어쩌면 이것도 같은 맥락의 이야긴지도 모른다. 따지고 보면 모든 게 동물과 나무에 관련된 것이니 같은 이야기라 할 수도 있다. 나 또한 그런 생각에서 글을 옮긴 것이다. 코끼리와 말에 관한 이야기는 우리에게 습관의 힘을 이야기하고 있지만, 사실은 인간의 잔혹함을 이야기하는 것 같아 무거운 짐을 지고 혹사당하고 있는 말이나 쇠사슬에 묶인 코끼리들의 모습을 생각하면 같은 인간으로서 너무 미안한 생각이 든다. 나의 그런 마음은 산야에서 제대로 크지 못하고 인간의 기호에 맞춰 그 손에서 조작되고 뒤틀린 분재나 다른 식물도 마찬가지다.

말과 코끼리를 비롯해 사람이 키우는 가축이나 모든 동물은 생명의 기본은 있되 사람처럼 생각하는 능력이 없기에 짐승이다. 단순히 생존을 위한 본능으로 살아간다. 개와 고양이, 소나 말같이 사람에게 길든 것에는 먹이에 따른 약간의 소통이 있겠지만 그것 말고는 없다. 동물을 다룰 때 사람 생각대로 다루게 되면 동물에게는 오히려 학대가 된다. 사람이 편하면 동물은 불편하고 사람이 즐거우면 동물은 고통스럽다. 곰곰이 생각해보면 사람이 동물에게 사랑이라고 한 일이 동물에게는 학대가 된 것이 얼마나 많은가를 알면 깜짝 놀랄 일도 있다. 동물에 대한 진정한 사랑은 어쩌다 한 번쯤이라도 사람이 동물의 처지가 되어 생각해보는 일이다. 그러면 지금껏 사람이 동물에 대해 얼마나 많은 것을 잘못 알고 있었는지 우리 스스로 깨닫게 될지도 모른다.

짐승
휘트먼

나는 짐승들과 함께 살았으면 좋겠다.
그들은 평온하고 스스로 만족할 줄 안다.
그들은 땀 흘려 손에 넣으려고 하지 않으며
자신들의 환경을 불평하지 않는다.
그들은 밤늦도록 잠 못 이루지도 않고
죄를 용서해 달라고 빌지도 않는다.
그들은 불만도 없고, 소유욕에 눈이 멀지도 않았다.
다른 자에게 무릎 꿇지도 않으며
잘난 체하거나 불행해 하지도 않는다.

● 환연도중록(還燕道中錄)에서

(…) 백하에 와보니 나루에 모여든 사람들이 먼저 건너려고 시끄럽게 다툰다. 한꺼번에 건너기 어려워서 이제 막 부교를 매고 있다. 대부분 돌을 운반하는 배들이었고 사람이 타고 건널 수 있는 배는 한 척밖에 없다. 지난번 열하로 들어갈 때에는 군기가 나와서 우리를 맞이해 주고 낭중은 강을 건너는 일을 감독하고 황문(黃門)은 길을 인도해 주었다. 제독과 통관들이 친히 강가에서 채찍으로 지휘하여 그 기세가 산을 꺾고 강을 메울 만큼 당당했는데, 이제 연경으로 돌아오는 길에는 근신(近臣)의 보호와 전송은커녕 황제 또한 한마디 위로의 말씀도 없다. 사신들이 번승 접견을 꺼려한 탓이다.

저 백하는 며칠 전에 건너던 물이고 모래 언덕은 지난번에 서 있던 곳이다. 제독이 손에 들고 있는 채찍이나 물위에 떠 있는 배도 그때와 같은 것이다. 그러나 제독은 말 한마디 없고 통관은 그저 머리를 숙이고 있다. 저 강산은 유구한데 세상인심은 삽시간에 달라져 버렸다.

아! 대저 시세(時勢)란 이렇게 믿지 못할 것이로구나. 권세가 있을 적에는 모두들 미친 듯이 달려오더니, 눈 한번 돌리는 사이에 시세가 바뀌고 대접은 싸늘해진다. 어디에도 기댈 데 없이 마치 진흙소가 바닷물에 풀어지듯, 얼음산이 햇빛에 녹아버리듯, 천고의 모든 일이 이처럼 흘러가니 어찌 슬프지 않으리오. 갑자기 먹장구름이 사방을 뒤덮더니 바람과 우레가 크게 일어난다. 갈 때에 비하면 그렇게 무서운 정도는 아니었지만, 갈 때나 올 때 모두 이런 폭우를 만나는 게 참으로 이상하다.

(…) 사람 마음의 변화란 너무도 다양해서 한 사람을 두고 볼 때도 상대의 기분을 상황 따라 제때 제때 살피지 못하면 낭패 보기 십상이다. 아침에 좋던 마음이 낮에는 난폭해지고 그러다 저녁이 되면 부드러워지는 것이다. 그러다 밤이 되어 술잔이라도 기울이게 되면 비단결처럼 곱다가도 술이 들어가 취하면 언제 그랬냐는 듯 돌변하기도 하는 게 사람 마음이다.

■

글을 읽는 동안 나는 연암의 마음이 되어 강나루에서 조선 사행단의 처한 상황에 따라 달라지는 사람들을 바라보았다. 삽시간에 변하는 세상인심에 서운한 마음이야 오죽할까마는 만약 처지가 바뀐다면 나 역시도 그럴 것이다. 세상인심을 탓할 일이지 그러는 사람들을 나무랄 일만은 아니다. 문득 생각나는 게 있어 언젠가 메모해두었던 글을 여기에 옮긴다. 태사공(사마천)의 글이다. "급암이나 정당시 같은 현명한 사람도 세력이 있을 때는 빈객이 열 배로 늘었다가 세력을 잃으니 그렇지 못했다. 하물며 보통 사람이야 어떠하랴. 하규의 적공(翟公)은 이렇게 말했다. 처음 내가 정위가 되었을 때는 빈객이 문 앞에 가득 찼지만 파면되자 문밖에 참새 잡는 그물을 쳐도 될 정도였다. 내가 다시 정위가 되자 빈객들은 예전처럼 모여들려고 했다. 그래서 나는 문에 −한 번 죽고 한 번 사는데 사귀는 정을 알고, 한번 가난하고 한번 부유함으로써 사귀는 모습을 알며, 한번 귀했다가 한번 천해짐으로써 사귀는 참된 정을 알게 된다.− 라고 크게 써 붙였다."

윤선도 고산유고(孤山遺稿) 육변문

첫째,
이이첨이 세도를 부릴 때 그 죄를 논하여 상소하였더니 승정원 삼사(三司), 관학(館學)에서 하나같이 터무니없는 말을 만들어 멀리 귀향 보내고자 했다.

둘째,
그때는 내 나이 서른이었지만 지금은 일흔넷인 것이 또 하나의 변이며.

셋째,
그때는 홍원에 이르니 조 낭자가 하루저녁에 세 차례나 나를 찾아와 위로해 주었는데 지금은 이미 저승의 사람이 된 것이 또 하나의 변이요.

넷째,
그때 나는 험한 길을 염려하여 밤낮을 가리지 않고 갔지만 지금은 기력이 쇠하고 고달파 마음 같지 아니하여 길을 조금씩 조금씩 더듬어 나아감이 또 하나의 변이요.

다섯째,
그때의 의금부도사나 이졸들은 내 몸이 피로할까 봐 근심하여 천천히 갈 것을 권했지만 지금은 매양 앞에서 득달함이 또 한 변이요.

여섯째,
그때는 지방의 지주들이 나와 멀리 가는 것을 걱정하여 돕지 않음이 없었건만 지금은 두세 사람 외엔 서로 접하지 아니함이 또 한 변이다.

　세상인심에 관해서라면 이것 하나만으로도 모든 걸 이야기하고도 남음이 있다. 다산은 귀양살이하며 세상인심의 서러움에 대한 심정을 이렇게 토로했다. "내 문 앞을 지나면서도 들리지 않는 것은 이미 준례가 되었으니 원망할 수는 없다. 그러나 인간이 세상에서 겪는 괴로움 중에서 남은 기뻐하는데 나만 슬퍼하는 것보다 더 심한 것은 없고, 세상에서 겪는 한스러움 가운데 나는 그를 생각 하는데 그는 나를 까맣게 잊고 있는 것보다 더 심한 것은 없다."라고 했다. 이런 서러움 가운데는 아래 윤선도의 시문집 고산유고의 '육 변 문'도 사마천과 궤를 같이하는 글이라 윤선도의 마음이 되어 읽어 보았으면 싶다. 이것 역시 사마천과 윤선도가 느꼈던 세상인심이나 다산과 연암이 강나루에서 느꼈던 세상인심이 어쩌면 이리도 같은지 국경은 달라도 사람의 마음은 조금도 다르지 않다. 언젠가 '세상인심'이란 제목의 글을 쓴 적이 있다. 처음에 중복되는 부분이 있지만, 한 번 더 읽어도 지루하거나 거슬리지 않을 것이다.

세상인심

사마천의 사기(史記)에 이런 이야기가 있다. 옛날 벼슬하던 사람이 관직에 있을 때는 손님이 문 앞에 가득 찼지만, 벼슬을 잃자 문밖에 참새 잡는 그물을 쳐도 될 정도였다. 그러다 다시 벼슬을 얻자 사람들은 예전처럼 모여들려고 했다. 그래서 문에 다음과 같이 크게 써 붙였다고 한다. "한번 죽고 한번 사는데 사귀는 정을 알고, 한번 가난하고 한번 부유함으로써 사귀는 모습을 알며, 한번 귀했다가 한번 천해짐으로써 사귀는 참된 정을 알게 된다." 세상인심을 이렇게 적절하게 표현한 것을 보지 못했다. 눈앞에 보이는 대로만 볼 줄 알았던 사람에게 그 배경과 진실을 깨닫는 안목을 갖게 한다. 벼슬이 높을수록 내려올 때를 생각하고, 뜻을 낮추면 문에 써 붙였던 상황을 만나지 않는다. 지금 사회생활을 하는 사람도 처음 같은 마음으로 변함없이 사람들을 대해야 한다.

세상인심은 예나 지금이 조금도 달라지지 않았다. 각박한 것으로야 요즘이 더하겠지만, 사람의 본성은 상황이나 환경에 따라 수시로 변하는 것을 나무라서는 안 된다. 밤과 낮이 바뀌고 해와 달의 변화에 따라 반복되는 밀물과 썰물처럼, 자연의 이치와 똑 닮은 세상인심에 일희일비(一喜一悲)하는 것은 어리석다. 들고나는 게 자연의 섭리이듯 득실은 우리 생활 속에서 늘 되풀이되는 삶의 섭리다. 인생을 살다 보면 온갖 일들과 맞닥뜨리고 그런 상황에서 경험하는 세상인심은 나 혼자만이 아니라 누구나 겪는 일이다. 그러니 안타까워하거나 서운해할 이유가 없다. 이것이 사람 사는 것임을 이해하고 받아들일 줄 아는 사람은 나중에 구하지 않아도 다시 채우는 지혜를 얻는다.

지인 한 사람이 자식의 혼사를 치르며 꼭 올 것이라 기대했던 사람은 오지 않고 생각지도 못했던 사람이 어디선가 듣고 왔다며 왜 자기에게 연락하지 않았느냐며 서운해 하면서도 부조하는 바람에 부끄러운 적이 있었다고 했다. 그러면서 큰일을 치러보니 평소 몰랐던 것을 알게 되더라고 한다. 우리가 살아가며 겪어야 하는 관혼상제(冠婚喪祭)나 큰일들이 있는데 그 과정을 거치며 알게 되는 것이 세상인심이다. 그것은 백번 보고 들어 아는 것보다 길흉사든 어떤 것이든 한번 체험함으로써 사람 마음을 알 수 있다. 시류에 따라 달라지는 세상인심을 젊었을 때는 잘 모르겠지만 나이 들어가며 제대로 알게 된다. 다시 말해 시대는 달라졌어도 연암과 윤선도의 마음이 되어보는 일이다.

직접 체험으로 깨달은 것은 책을 읽거나 남의 것을 눈으로 보고 머리로 아는 것과는 완전히 다른 차원이다. 큰일을 한번 치르고 나면 자신의 경험과 결부해서 세상인심을 헤아리게 되고 그것으로 말미암아 자기 스스로 휘둘리지 않는 삶을 살게 된다. 사람은 누구나 시절에 따라 세상인심의 다름과 또 상대방의 처지에 따라 구분되는 인심의 무게를 명확히 알 수 있다. 따라서 그것으로 사람을 저울질하는 일만큼은 없어야 한다. 그 해답은 상대가 내 마음과 같아지기를 바라는 마음을 그만둘 때다. 그런 마음은 조금 놓으면 조금의 평화가 오고 전부를 놓으면 완전한 평화가 온다. 자기중심, 자기 눈높이를 벗어날 때, 새로운 눈이 뜨인다.

● 말과 글

연경에 들어가서 필담(筆談)을 해보면 능란하지 않은 이가 없었다. 그러나 신기하게도 그들이 지었다는 글을 보면 모두 필담보다 훨씬 못했다. 중국은 한문을 자신의 말로 삼고 있기 때문에 경(經), 사(史), 자(子), 집(集)이 모두 입속에서 흘러나오는 성어(成語)였다. 하지만 억지로 시문을 지으면 본래의 의미를 잃고 글과 말이 어긋나버린다. 글보다 필담이 더 나은 건 바로 이 때문이다. 그에 반해 우리나라의 문장은 아득한 고대의 문자를 다시 조선의 난해한 방언으로 번역하는 격이니 모두 아귀가 맞지 않게 된다.

아! 나는 그제야 비로소 우리의 문장법이 중국과 다르다는 것을 알게 되었다. 중국 사람들은 말에서 출발하여 글자를 배우는 것으로 나아가고, 우리나라 사람들은 글자에서 시작하여 말을 배우는 데로 옮겨 간다. 중국의 문장법이 왜 그런가 하니, 글자로 인하여 말을 배우면 말은 말대로 글은 글대로 따로 노는 까닭이다. 예를 들어 '천天'자를 읽을 때 한날천(漢捺天:고려말 天의 음흡이 '한날'로 표기되어 있다.) 이라고 한다면 이는 글자밖에 다시 한 겹 난해한 언문이 있게 되는 격이다. 어린애들은 애당초에 '한날'이 무슨 말인 줄도 모르는데, 더군다나 천을 어찌 안단 말인가.

■

 이처럼 글과 문장이 중국 사람과 우리가 서로 다른 것은 연암의 말대로 처음 배우는 방법이 다를 수도 있겠지만, 태어난 곳의 환경에 따라 문장이 달라지는 것은 당연한 일인지도 모른다. 사람마다 나고 자란 곳이 다르며, 받은 교육과 삶의 체험이 제각각이라 그에 따라 취향도 다르고 세계관도 달라진다. 글은 불가피하게 쓴 사람의 성정과 관련되지 않을 수 없고 문장은 그 사람의 내면과 부합될 수밖에 없다. 문체 역시 달라질 수밖에 없는 것인데, 서로가 그것을 인정하며 사는 것은 각자 자신을 위해서다. 세상 만물 중에 생물이건 무생물이건 저마다 고유의 모습이 있다. 인간에게는 인간이기에 자신이 하는 일에 그에 맞는 풍경이 있고, 그중에는 글 쓰는 사람 풍경도 있다. 중요한 것은 그 풍경은 앞모습보다 뒷모습이 더 선명하다. 왜냐하면, 글이라는 것은 말과 다르게 그만큼 사람들의 기억 속에 오랫동안 남기 때문이다.

 내가 아는 사람들 가운데서도 말은 잘하지만, 그와 비교해 글은 못 쓰는 사람이 있고, 반대로 말은 어눌하지만, 글은 잘 쓰는 사람이 있다. 앞서 말한 사람 중에는 평소 사람들 앞에서 강의하거나 말을 할 때는 어쩌면 저렇게 달변일까 싶어 존경심마저 들고 나 역시도 그 모습을 부러워한 적이 있었다. 그러다 우연히 그가 쓴 글을 보고는 정말 저 사람이 쓴 게 맞는가 싶을 정도로 실망한 적도 있었다. 그것으로 그의 전부를 평가하는 건 아니지만, 말과 글이 서로 어울리지 않고 따로 노는 사람이었다. 그에 반해 어떤 사람은, 많은 사람 앞이거나 개인 가릴 것 없이 눌변(訥辯)이지만 그가 쓴 글은 사람이 놀랄 정도로 달변(達辯)이다. 문장이 매끄럽게 정돈되고 핵심을 향해 날아가는 그의 글 쓰는 능력은 말과는 전혀 다르다.

이미 말과 글에 관한 이야기가 나왔으니 다소 긴 이야기지만 글 쓰는 사람이면 꼭 기억해야 할 일이라 이 말도 덧붙이고 싶다. 연암은 조선 시대 최고의 문장가다. 그런 점에서 연암이 쓴 글들을 읽다 보면 타고난 제주도 있겠지만 그런 제주를 더 빛나게 한 것은 부단한 그의 노력이 있었기 때문이다. 오랜 시간 연암에 관해 연구한 어느 교수는 연암의 글에서 군데군데 심사숙고한 흔적이 보였다고 한다. 내 생각에도 연암 역시 글을 써놓고는 지우고, 다시 섰다가는 지우기를 수없이 반복했을 것이다.

그런 경험에서 나올 수밖에 없는 연암의 말 중에는, "글을 끝마쳤으면 잠시 내버려 글 상자에 넣어두고 눈으로 보지 말고 또 가슴에서 깨끗이 씻어낸 듯 몰아내어 마음에 담아두지 않는다. 그렇게 며칠이 지난 뒤 다시 읽어보는 일이다. 내가 글을 아끼고 사랑하는 마음을 느슨하게 한 뒤에 남의 글 보듯이 하면 옳은 것은 즉시 그 옳음이 드러나고 그른 것은 그른 점이 드러난다. 그른 것은 버리기가 어렵지 않다."라는 자신의 체험을 이야기했다. 그것을 바탕으로 지금 우리에게 자기가 쓴 글을 진정으로 아끼고 사랑하는 마음이 어떤 것인지를 체험하게 된다.

● 연암의 글 보퉁이

　여러 역관들이 모두 내 방으로 모여들었다. 술과 안주가 조금 있기는 했지만 먼 길을 오가느라 완전히 입맛을 잃었다. 모든 사람이 내 곁에 놓인 봇짐을 힐끗거린다. 그 속에 귀한 보물이라도 들었을까 잔뜩 기대하는 모양이다. 나는 결국 장대를 시켜 보따리를 풀어서 속속들이 헤쳐보았다. 다른 물건은 아무것도 없고 다만 붓과 벼루뿐이었다. 두툼하게 보인 건 모두 중국인들과 필담을 했던 초고와 여행 중에 쓴 일기였다. 그제야 모든 사람들이 미심쩍은 게 풀렸다는 듯이 활짝 웃으며 말했다. "어쩐지 이상하더라고. 출발할 땐 분명 행장이 가벼웠는데, 돌아올 땐 짐 보따리가 너무 크더라니." 장복도 머쓱해하면서 창대에게 소리를 내 지른다. 별상금은 어디 뒀냐?

■

　연행 길에서 돌아오며 연암이 보물단지처럼 안고 다니던 보퉁이를 사람들이 그 안에 무엇이 있어 저리도 소중히 여기는가 싶어 궁금해하는 사람들에게 연암이 보퉁이를 풀어 안에 든 것을 내보이자 사람들과 장복이 머쓱해하는 모습을 글로 쓴 것이다.
　그 보퉁이야말로 연암에게는 때로는 목숨 걸고 얻은 것이라 어떤 것보다도 소중했다. 만약 그것도 없이 기억에만 의지해 쓴 열하일기라면 내용의 상세함이나 생동감이 있고 없음을 떠나 사람들에게 오늘처럼 감동으로 읽히지 않았다. 글 쓰는 사람에게 메모하는 습관이 얼마나 중요한지는 말하지 않아도 문장가라면 누구나 아는 일이다. 틈틈이 메모하는 일을 등산에다 비유하자면, 히말라야산맥의 높은 산을 오르기 위해 그보다 작은 산들을 열심히 오르며 폐를 튼튼히 하거나 다리에 힘을 기르는 일과 같을지도 모른다. 어떤 생각이 떠오를 때마다 사라지지 않게 제때 메모하는 일도 글쓰기의 근육을 단련하는 일이다. 기억하는 능력에는 한계가 있어 얼마 담아두지 못하지만 글로 남기는 것은 종이에다 엄청난 양을 담아 둘 수 있을 뿐만 아니라 그 기록은 없어지지 않고 오랫동안 남는다. 요즘 컴퓨터로는 거의 무한대로 담아놓을 수 있으니 말이다.

옛사람들의 말에 삼대 가는 부자가 없고, 화무십일홍이요 권불십년이라고 했다. 그런데 문필가를 존중했던 것은 오래도록 기억될 기록을 남긴다는 이유에서다. 대를 이어 전해지는 것도 재물이나 벼슬이 아닌 기록과 예술가의 작품이다. 고금을 통해 기록으로 남기는 일이 얼마나 위대한 일인지를 일일이 열거하지 않아도 초등학생 정도면 아는 사실이다. 알고 보면 세계역사 거의 모든 것이 기록의 산물이다. 인간은 생각할 줄 안다는 것과 그것을 말로 표현하는 것과 동시에 문자로 남길 줄 알기에 인간 스스로 만물의 영장이라 말할 수 있다. 내가 연암을 사랑하게 한 또 한 가지 이유는 오래도록 연암을 연구한 학자들의 말에 따르면 앞서 말했듯이 연암이 자신이 쓴 글을 두고 얼마나 집요하게 고치고 또 고쳤는지를 알 수 있었다고 한 말이었다. 그런 집착과 열정이 없었더라면 오늘 같은 연암이 있기나 했을까.

요즘은 스마트폰이라는 게 있어 길을 가다가도 떠오른 생각들을 핸드폰에다 옮기곤 한다. 예전에는 상상조차 못했던 일이다. 글 쓰는 사람이라면 누구나 그러하겠지만, 나 역시 메모하는 습관이 얼마나 중요한지를 나이 들수록 실감하게 된다. 연암도 연경에서 돌아오는 길에 중국에서 사람들과 나누었던 필담 뭉치와 자신이 쓴 글이 한 보퉁이였으니 얼마나 많은 사람을 만나고 많은 것을 보고 그것을 기록으로 남겼는지 지금 내가 봐도 그 정성이 눈물겹다. 연암이 그것을 유난히 소중히 여기는 것을 보고 사람들이 이상하게 여겨 자꾸만 물어와 보퉁이를 풀어 보여주었다는 이야기가 열하일기에 나오는데 위에 옮긴 글 그대로다. 아마 오늘날 연암의 역사가 있게 한 것은 그가 지닌 보퉁이 하나만 보아도 알 수 있다. 그 안에는 호질(虎叱)이라는 베껴 쓴 글을 비롯해 중국 연행 중 만났던 사람과의 필담과 연암이 보았던 수많은 문물과 사물들의 이야기가 들어있었다.

그러고도 귀국 후 몇 년 동안의 고심이 깃들고서야 비로소 열하일기가 한 권의 책으로 묶일 수 있었다. 연암의 타고난 근면과 성실, 거기에 번뜩이는 재기와 통찰 없이는 기록 자체가 불가능했다. 그런 의미에서 지금 우리가 가진 풍요로움을 한번 생각해보는 것도 연암이 살던 시대와 현재 우리 모습을 비교해 볼 수 있다. 옛사람에게 비교하면 요즘 사람들의 글쓰기가 얼마나 편해졌는지 손도 씻지 않고, 껍질도 벗기지 않은 채 그냥 입만 벌린 채 받아먹는지도 모른다. 수많은 필기도구가 있는 것도 그렇고 스마트폰이라는 게 있어 그것 하나만 손에 있으면 우리가 대학에서 배울 수 있는 온갖 정보가 다 들어있다. 그야말로 각 분야를 전공한 대학교수 여러 명의 강의내용을 제 손에 쥐고 있는 셈이다. 게 중에는 세계적으로 권위 있는 유명한 대학에서 학위를 받은 사람이나 종교인과 예술가를 비롯해 스마트폰에는 없는 사람이 없다. 천문학자와 과학자, 의사, 군인과 역사적 인물도 마찬가지다. 이처럼 손안에 온 세계를 들고 있으니 배우려고 든다면야 설령 모르는 게 있다고 해도 걱정할 일이 없다. 다음의 글은 나의 메모장에 있는 전경린과 박완서 작가의 글인데 이 글을 읽는 사람들과 함께하고픈 마음으로 여기에 옮긴다.

"누구나 알다시피 소설 쓰기의 핵심은 생각하기와 쓰기에 있다. 무언가를 포착하고 쓰기 시작하면, 이제 세상에 가서 닿을 은유를 찾아 모색이 시작된다. 쓰는 동안은 밥 먹을 때도 소설을 생각하고, 걸을 때도 소설을 생각하고, 꿈속까지 생각하고, 숨 쉴 때마다 생각한다. 마치 심장이 생각하는 것 같다. 외출하려고 신발을 신다가도 책상으로 달려가고, 밤에 잠자리에 누웠다가도 몇 번이나 몸을 벌떡 일으켜 책상으로 가서 쓰고, 밥을 먹다가도 숟가락을 놓고 달려가서 쓴다. 쓰다 보면 삶은 온종일 소설을 향해 열어두어야 할 때 공기조차 흔들리지 않은, 혼자의 상태가 형성될 때가 온다. 율여(律呂)와 맥이 닿는 듯한 자기 몰입과 외부를 향한 은유와 성취, 이 두 가지가 나의 창작론이다." -전경린

"막히면 시를 읽어라. 글을 쓰다 막힐 때 머리도 쉴 겸 해서 시를 읽는다. 좋은 시를 만나면 막힌 말꼬가 거짓말처럼 풀릴 때가 있다. 다 된 문장이 꼭 들어가야 할 말을 못 찾아 어색하거나 비어 보일 때가 있다. 그럴 때도 시를 읽는다. 단어 하나를 꿔오기 위해, 또는 슬쩍 베끼기 위해, 시집은 이렇듯 나에게 좋은 말의 보고다. 심심하고 심심해서 왜 사는지 모를 때도 위로받기 위해 시를 읽는다. 등 따습고 배불러 정신이 돼지처럼 무디어져 있을 때 시의 가시에 찔려 정신이 번쩍 나고 싶어 시를 읽는다. 꽃 피고 낙엽 지는 걸 되풀이해서 봐온 햇수를 생각하고 이제 죽어도 여한이 없다고 생각하면서도 내년에 뿌릴 꽃씨를 받는 내가 측은해서 시를 읽는다." -박완서

언젠가 책에서 이 글을 읽고는 요즘의 나와 어쩌면 이리도 판

에 박은 듯 쌍둥이처럼 그들을 닮은 내 모습이 신기하다. 더구나 전경린과 박완서 작가여서 더욱더 반가웠다. 나 역시 길에서, 혹은 밥상 앞에서, 때로는 이불 속에서나 심지어 화장실에서 볼일 보다가도 생각이 떠오르면 장소와 시간 상관없이 책상 앞으로 달려가거나 바깥이면 길을 가다가도 옆으로 비켜서서 스마트폰을 꺼내 든다. 나만 그런 것이 아니라 글 쓰는 사람들은 누구나 그러겠지만, 막 문학에 발 디딘 사람이거나 문학 공부를 시작하려는 사람이라면 두 작가의 말을 가슴에다 새겨두어야 한다.

글 쓰는 사람 풍경

　말에는 말의 풍경이 있고, 사람은 사람의 풍경이 있듯이 책에는 책의 풍경이 있다. 책이라는 것도 젊었을 때 읽었던 느낌과 나이 들어 느끼는 풍경은 전혀 다르다. 내용이 똑같은 책이라도 읽는 사람에 따라 풍경이 달라지는 것이다. 사람 마음도 몇 년 전이나 작년의 마음, 올해의 마음이 다르듯 책도 한 사람의 성장 속도에 따라 달라진다. 평론가 김현의 말처럼 똑같은 작품이라도 보는 사람 마음의 풍경에 따라 달라 보이고 똑같은 사람이 본다고 해도 오늘과 어제의 풍경이 다르다. 또 한 가지 내가 꼭 덧붙이고 싶은 풍경이 있다. 나와는 떨어질 수 없는 관계이기도 하겠지만, 내 마음에 갖가지 의미로 다가오는 글 쓰는 사람의 풍경이다.

　글 쓰는 사람의 풍경도 사계절의 변화처럼 소년에서 청년으로, 중년에서 노년으로 바뀌는 역정(歷程)이 한 그루 나무의 모습이 계절 따라 달라지는 것과 똑같다. 그런 변화를 사람에 견주어 이야기하는 것은 어쩌면 더 복잡하고 자칫하면 말하고자 하는 핵심을 비껴갈지도 모른다. 차라리 그것보다 계절이 바뀌면서 나무가 겪어야 하는 성장의 고통을 읽어내는 것이 훨씬 성숙하고 정확하다. 나무도 바깥으로 성장하는 고통이 있고 나이테처럼 안으로 성장하는 고통이 있듯이 사람이 성장하는 과정도

이와 다를 것 없다. 여기에 덧붙인다면 과일이 익어가는 과정과도 같다. 책이든 사람이든 그것의 풍경이란 한 사람의 내면세계를 쌓아 올린 벽돌들이다. 책 읽는 사람에 따라 그 느낌이 달라지는 것은 당연한 일이다. 사람마다 나고 자란 곳이 다르고, 받은 교육과 삶의 체험이 제각각이니 그에 따라 취향도 다르다. 자연히 세계관도 달라져 책에 담긴 풍경 또한 달라질 수밖에 없다.

고종석의 '문장'이란 책을 읽다 이런 대목이 있어 조금 간추린 다음 옮긴다. "글을 쓰다 보면 백지 앞에서 꽉 막힐 때가 많은데 어떤 단어 하나가 떠올라 백지에 옮겨 쓰고 나면 한 단어가 다른 단어를 불러내 문장을 만들어내고, 그다음 문장이 다른 문장을 자연스럽게 불러온다. 이처럼 글은 살아있는 생명체처럼 자기 친구들을 불러내는 것이다." 고종석 개인의 체험이지만 글쓰기에 관한 책을 읽다 보면 이것과 유사한 이야기가 많다. 나는 이 대목이 꼭 내 생각과 똑같아 유난히 마음에 와닿았다.

아기가 말을 배울 즈음이면 처음에는 말을 입안에서 웅얼거리며 배우기 시작한다. 그러다 말문이 트이면 그때부터는 다른 사람의 말도 알아들을 줄 알고 제 말도 하게 된다. 마찬가지로 글이라는 것도 처음에는 쓰는 일이 어렵고 때로는 막막하다가도 열심히 책을 읽고 공부하다 보면 어느 순간 문리가 트이고 마치 뽕잎 먹은 누에 입에서 실이 나오듯 글이 써진다. 아마 그런 경지가 되면 글쟁이로서의 입지가 다져지고 자신도 모르는 사이에 글 쓰는 사람에게 어울리는 풍경이 저절로 덧입혀질 것이다.

글 쓰는 사람들을 만나다 보면 가끔가다 어떤 이는 겉모습과 상관없이 글과 사람이 영 따로 노는 것을 보게 된다. 그럴 때는 양복에 운동화 신은 모습을 보는 것 같아 짝이 맞지 않은 그 모습이 정말 보기 싫다. 내가 괜찮은 사람이어야 괜찮은 글도 쓸 수 있듯이 글과 그 사람 모습이 서로 조응(調應)할 때 누가 보아도 보기 좋다. 혹시 내 모습이 남의 눈에 그렇게 비치는 게 아닐까 싶어 불안한 마음에 수시로 나를 돌아보게 한다. 내 모습을 내가 볼 수 없으니 답답할 때가 한두 번이 아니다. 나 역시 따로 노는 사람이 아니라 글과 내가 썩 잘 어울린다는 소리를 듣고 싶다. 내 모습이 남들에게 그렇게 비칠 때라야 비로소 나에게도 글 쓰는 사람의 풍경이 제대로 스미었다고 할 것이다.

● 천하의 형세를 논하다 심세편(審勢編)

연암 박지원은 말한다. 중국을 유람하는 사람에게는 다섯 가지 망령된 바가 있다. 지위와 문벌을 서로 높이는 것은 본래 우리나라의 비루한 습속이다. 학식 있는 사람은 구내에 있을 때에도 양반입네 내세우는 것을 부끄럽게 여긴다. 하물며 변방의 일개 사족 주제에 도리어 중국의 오래된 종족을 깔봄에 있어서야. 이것이 첫 번째 망령됨이다.

중국의 붉은 모자나 마제수(좁고 긴 소매에 말발굽 형 수구)복장은 한족뿐만 아니라 만주족 역시 부끄러워한다. 그러나 그들의 예속과 문물은 사방 오랑캐 중에서도 가장 뛰어나다. 우리는 그들과 겨루어 한 치 잘난 것이 없는 데도 오직 조막만 한 상투 하나를 가지고 천하에 자신을 뽐내려 한다. 이것이 두 번째 망령됨이다.

우리나라 사람은 학문을 안 뒤로는 모든 것을 중국에서 빌려 읽었다. 그러다 보니 중국 역대의 일을 이야기 하는 것 치고 '꿈 속에서 꿈'을 점치는 꼴이 아닌 것이 없다. 상투적인 공령문(功令文: 과거시험 볼 때 쓰는 문제)이나 운치 없는 시문이나 짓는 처지에 툭하면 중국에는 볼만한 문장이 없다고 말한다. 이것이 네 번째 망령됨이다. (…) 옛글에 이런 말이 있다. "그 예법을 살펴서 그들의 정치를 알며, 그 음악을 듣고 그들의 덕을 안다. 그렇게 한다면 백세가 흐른 뒤에 백세 이전의 왕을 비교해 보더라도 어긋남이 없을 것이다. (…) 엄계(연암협에 있는 시내) 꽃그늘 아래서 술을 마시면서 꽃잎에 맺힌 이슬에 붓을 적셔 이 글을 쓴다.

■
　동양사상의 중심축이 되고 철학의 발원지가 중국이라는 것은 우리가 아는 사실이다. 책을 통해서건, 예술작품이나 건축물을 통해서건, 중국이란 나라를 알면 알수록 우리나라 문화가 중국의 문화 대부분을 여과 없이 받아들여 우리 것이 되었다는 것을 깨닫게 된다. 그것은 나만 느끼는 것이 아니라 조금이라도 역사를 배운 사람이면 누구나 아는 사실이다. 심지어 어떤 것들은 그대로 베낀 것이나 다름없는 문화가 수두룩하다. 긴 이야기 할 것 없이 '적을 알고 나를 알면 백전백승'이란 말처럼, 적을 아는 것보다 나를 아는 것이 먼저다. 나를 아는 것은 세상에서 가장 큰 힘이고 나를 이겨야만 상대를 이길 수 있다. 그런 이치로 본다면 우리가 중국의 문화와 역사를 모르고 또 우리의 역사를 모르고서는 중국을 뛰어넘을 수 없다. 나 역시 그들에게 내세울 만한 것이라고는 아무것도 없다는 연암의 생각과 다르지 않다. 연암이 보았던 대로 "남을 깔보고 오직 조막만 한 상투 하나를 가지고 천하에 자신을 뽐내려 한다. 이것이 두 번째 망령됨이다."라고 한 연암의 심정이 되고도 남는다.

　연암이 살았던 그 시절에는 우리나라에서 중국 연경을 거쳐 열하를 다녀오는데 수개월이 걸리는 먼 길이었지만 지금은 그곳을 하루 이틀이면 다녀올 수 있을 만큼 가깝게 여겨지는 세상이다. 당시에는 서로가 주고받는 선물이라고 해야 우리 쪽에서는 부채 한두 자루 청심환 몇 알이었고, 중국 사람들은 손수건 한 장이나 음식 대접이 전부였다. 지금은 주고받는 선물의 다양함과 그 크기는 이루 말로 다 할 수 없다. 이처럼 세상은 무섭게 달라졌지만, 세월이 아무리 흘러도 변하지 않는 건 인간의 본질이다. 성악설과 성선설이라는 학문적 양극단의 구분을 떠나 인간의 본성은 세월의 흐름과는 전혀 무관하다. 아무리 세월이 흐른다 해도 옛 성인들이 만들어놓은 인간의 길과 연암이 우리 기억에서 잊히는 일은 없을 것이다.

● 허생전(許生傳)

　사립문을 나서긴 했지만 아는 사람이 하나도 없었다. 허생은 운종가로 가 저잣거리에 있는 사람들에게 물었다. "한양에서 제일 부자가 누구요?" 어떤 사람이 변씨(卞氏)라고 말해주자 무작정 그 집을 찾아갔다. 허생은 변씨에게 길게 읍을 한 후 대뜸 이렇게 말했다. "내 비록 가난하지만 조금 시험해 보고 싶은 일이 있습니다. 그대에게 만금을 빌리고자 합니다.

　좋소이다. 변씨는 즉시 만금을 내주었다. 허생은 고맙다는 인사 한마디 없이 돈을 가지고 돌아갔다. 변씨의 자제와 빈객들이 보기에 허생은 영락없는 거지였다. 주저앉은 갓에 도포는 어찌나 까무잡잡한지 마치 그을음이 낮은 것 같았다. 그런가 하면, 코에서는 맑은 물이 줄줄 흘러내렸다. 허생이 나가자 다들 크게 놀라며 말했다. "어르신 저 손님을 아시는지요?" "모르네." 아니 알지도 못하는 사람한테 단번에 만금이나 던져주시다니요? 게다가 이름도 묻지 않으셨습니다요.

　모르는 소리! "대개 남에게 뭔가를 구하고자 하는 사람은 반드시 자기 포부를 과장하여 신용을 얻으려 하는 법이다. 그러다 보면 얼굴빛은 저멈 비굴해지고 말은 중언부언을 면치 못하게 되지. 그런데 봐라! 저 손님은 옷과 신이 비록 남루하기 짝이 없지만, 말은 간결하고 눈빛은 오만하며 얼굴엔 부끄러운 빛이 조금도 없질 않더냐. 일체 물질적인 것에 의존하지 않고 스스로 만족할 줄 아는 인물임에 분명하다. 그가 시험하고자 하는 바가 결코 작지 않은 데다, 나 또한 그를 시험해 보고자 하는 마음이 생겼다. 주지 않겠다면 그만이려니와 어차피 만금을 줄 바에야 성명 따위를 물어서 뭣하겠느냐?"

■ 이 글은 지금 우리에게 가리키는 바가 크다. 요즘 같은 세상에도 변씨처럼 통 큰 사람이나 허생처럼 당당한 모습을 가진 사람이 있기나 할까. 만약, 있다면 그들은 세상을 제 손안에서 마음대로 주무르고 휘젓고도 남을 사람이다. 어찌 보면 통쾌하게 쏟아지는 여름 소나기 끝에 뜨는 무지개처럼 아름답기도 하다. 누구 할 것 없이 온통 잔챙이 같은 사람들로 북적거리며 정신없이 살아가는 세상이다. 몇 발짝도 가지 못해 서로 부딪쳐 상처받고 상처 입히며 사는 게 우리 모습이다. 지금도 찾아보면 전혀 없기야 하겠냐마는 내가 보기에는 거의 그렇지가 않을 것 같다. 자기에게 조금만 손해가 와도 앙칼진 고양이처럼 야옹거리며 노려보는 사람들을 볼 때면 혹시라도 내 모습이 그런지 두려운 마음에 내가 나를 돌아보게 된다.

여씨춘추에 이런 글이 있다. "무릇 사람의 기량을 평가함에 있어서 평가되는 사람이 두루 통달한 사람이면 그가 예를 표하는 바를 보고, 재물이 많은 사람이면 그가 육성하는 바를 보고, 그 사람의 말을 듣고는 그것이 그의 행하는 바와 부합하는지를 보고, 평상시에는 그가 숭상하는 바를 보고, 임금의 측근에 있는 사람이면 그 진언하는 말을 보고, 궁핍한 사람이면 분명하지 않은 재물을 받지 않는가를 본다. 또한 그를 심히 기쁘게 하여 그가 절개를 바꾸는가를 시험하고, 심히 즐겁게 하여 비틀거리는가를 시험하고, 격노하게 하여 스스로 결제할 수 있는가를 시험하고, 두렵게 하여 지조를 지키는가를 시험하고, 슬프게 하여 그 사람됨이 변하지 않는가를 시험하고, 고통스럽게 하여 의지를 바꾸는가를 시험한다."

여불위는 2,500년 전에 살았던 세월로 치면 까마득한 옛날 사람이다. 그때가 언제인데 사람을 평가하는 기준이 거의 완벽에 가깝다. 당시에 이 기준을 통과하는 사람이 있었으니 그런 글이 쓰였을 것이다. 아마 그 기준에 통과한 사람은 거의 성인에 가까웠을지도 모른다. 지금 읽어도 금방 지은 글 것처럼 생생하다. 요즘 우리나라 정부도 이것을 기준으로 사람을 뽑는다면, 그래서 이 기준을 통과하는 사람이 있다면, 그런 사람들이 모여 나라를 다스리거나 정치를 한다면 아마 남북통일이 되고도 남는다.

요즘 정부에서 관료들을 뽑을 때 선택된 사람이 청문회에 나가기 전 반드시 통과해야 한다는 7가지 사항쯤은 이것에 비하면 정말 아무것도 아니다. 말이 나온 김에 하고 싶은 또 한 가지는 주자의 근사록(近思錄)에 나오는 인격자가 가져야 할 아홉 가지 덕에 관해서다.

첫째. 너그러우면서도 적당히 엄격함을 지니고 있는 것.
둘째. 온화하면서도 주장해야 할 것은 단호하게 주장하는 것.
셋째. 가식이 없으면서도 거칠고 천하게 행동하지 않는 것.
넷째. 무엇이건 해낼 수 있는 능력을 지니고 있으면서도 자기 분수를 알고 있는 것.
다섯째. 점잖으면서도 남에게 따르지 않는 것.
여섯째. 올곧은 성품이면서도 남의 결점을 까발리거나 하지 않는 것.

　일곱 번째. 대범하면서도 핵심을 파악하고 있는 것.
　여덟 번째. 무슨 일이든 적극적으로 대처하되 혈기로 치닫지 않는 것.
　아홉 번째. 신념을 가지고 행동하되 사물의 대강을 터득하고 있는 것.

　내가 연암에 관한 글을 쓰며 이처럼 옛이야기를 많이 하는 까닭은 신기하게도 연암의 글 속에는 이 같은 이야기를 할 수밖에 없는 알지 못할 어떤 기운이 서려 있기 때문이다. 그러니 나도 모르게 연암의 글 속으로 빠져든다. 내가 아무것도 아님을 아는 것이 지혜라면 내가 전부임을 깨닫는 것은 나에 대한 사랑이라는 말뜻을 이제는 알 것도 같다. 내 삶은 그사이를 오가며 한 걸음씩 앞으로 나아간다. 자신이 지닌 재능을 인식하는 사람 가운데 잘못되는 사람이 없고, 자기 재능을 인식하지 못하는 사람이 잘되는 법은 없다. 그러므로 나는 내가 가진 재능의 크기를 알고 있기에 내 몫이 얼마만큼 인지를 안다. 그것을 알고 있으니 그리 잘못되는 일은 없을 것이고 나 또한 그런 믿음으로 글을 쓴다.

　이제 열하일기를 마무리하는 시간이다. 연암의 다음 세계로 넘어가기 전 하고 싶은 말이 있다면, 내가 오래전부터 연암을 좋아하긴 했어도 다른 것은 상상으로만 했지 실제로 그에 관한 책을 쓸 거라곤 생각조차 못했다. 이런 걸 두고 꿈이란 꿈을 꾸는 사람만이 그것을 현실이 될 수 있게 한다고 했든가. "내일 아침에 할 산책이 그리워서 잠을 설치고 파랑새 우는 소리에 전율을 느끼지 못하거든 깨달아라. 너의 봄날이 가고 있다는 것을"이라고 한 어느 시인의 말처럼 내가 연암을 생각하느라 밤잠을 설치고 양철 지붕 위로 떨어지는 빗소리에 전율을 느낀다면 나에게도 봄날은 아직 가지 않았다는 말이다. 그러니 나이 먹는다는 것에 그냥 가만히 앉아서 안타까워할 일만은 아니다. 어쩌면 나이 든다는 것은 생각보다 괜찮은 일이다. 남은 인생 또 다른 여정이자 탐험과도 같다. 아직 못 가본 길에 대한 호기심으로 오르지 못한 산을 오르는 일이기도 하다. 무작정 나이 듦과 싸우지 말고 그냥 받아들일 줄도 알아야 한다. 그것은 삶을 대하는 하나의 태도이자 과정이다.

우리가 연암을 '조선 시대의 뛰어난 문장가라든가 아니면 이야기 잘하는 선비나 지방관(地方官)을 지낸 벼슬아치였다는 정도로만 알고 있다면 빙산의 드러난 것만 보거나 장님 코끼리 만지듯, 어느 한 부분만 알고 있을 뿐이다. 다시 말해 눈앞에 있는 작은 산에 가려 그 너머의 산을 보지 못하듯 연암이라는 큰 산과 이어지는 산맥을 제대로 보지 못했다. 역사란 과거를 조망하는 것이 아니라 현재의 이야기라는 말과 같이 연암이라는 한 인간의 역사도 과거가 아닌 오늘 우리와 함께 살아 숨 쉬고 있다. 또 누구든 그를 찾아가면 언제든 반가운 얼굴로 따뜻하게 맞을 것이고, 갈 때는 빈손으로 돌려보내지 않는다.

나도 처음에는 연암에 관한 책을 읽기 전에는 연암에 대해 아무것도 몰랐다. 아는 것이라고 해야 겨우 열하일기를 쓴 조선시대 사람이라는 것이 전부였다. 열하일기도 책을 읽지 않았을 때는 그저 사람들이 이야기하는 것을 한 귀퉁이 주워들은 게 고작이다. 그러다 운 좋게도 연암을 제대로 안 것은 그에 관한 책을 읽으면서부터다. 동물이나 곤충도 서로에게 맞는 짝이 있듯이 사람도 자기와 인연이 되는 사람이 있다. 그때부터 연암은 나에게 떼려야 뗄 수 없는 인연으로 다가왔다.

충분하지는 않아도 연암에 대해 어느 정도 안 다음, 이 글을 쓸 무렵 연암에 대해 전에 없던 생각을 하게 되었다. 그것은 과거를 포기한 연암이나 홍대용, 서자 출신인 이덕무, 이들 모두 생각은 서로가 다르지만, 지향점은 같다는 것과 또 한 가지는 세상을 바라보는 눈과 거기에 대한 생각의 바탕이 유사하다는 점이다. 한마디로 같은 결(猰)을 가진 사람이다. 무엇보다 중요한 것은 어떤 것이 매개(媒介)되었든, 세 사람 모두 발분(發憤)의 마음을 가졌다는 사실이다. 그 힘이 바탕이 되어 그들의 이름은 불멸이 되어 오늘 우리에게 소중한 기억으로 남았다. 그 마음은 눈으로는 볼 수 없는 빙산의 아랫부분과 같음을 알아야 그들의 마음을 제대로 알 수 있다. 나 또한 발분(發奮)이란 제목의 글을 쓰게 된 것도 그들의 학문과 삶에 대한 열정에 공감하는 부분이 많아서다.

연암과 영혼의 춤을

 연암과 내가 중국 곳곳을 다니며 펼쳐놓았던 춤판을 이제 슬슬 거둘 때가 되었다. 때와 장소에 따라 한 번은 신명 나는 춤을 추었고, 또 한 번은 승무처럼 고요하고 신비로운 춤도 추었다. 어떨 때는 살풀이처럼 처연하게, 또 다른 곳에서는 그냥 덩싯덩싯 어깨춤을 추기도 했다. 그동안 춤을 추면서 그 춤이 나에게 던진 명제(命題)는 동양의 사상과 철학에 관해서다. 연암과 내가 이토록 하나가 될 수 있었던 것도 동양사상의 토양이 아니고서야 생각지도 못했다. 연암을 만나자마자 그의 세계 속으로 빠져든 것은 아마 그가 쓴 열하일기와의 인연 때문이었다. 내가 그 책을 읽지 않고 연암에 대해 그냥 적당히 알고 있을 적에는 함께 춤출 것이라고는 상상조차 하지 않았다.

 연암과 춤추었던 그 시간 표현할 수 없는 무언가가 나에게로 스며들어 생각의 물길을 바꿔놓았다. 춤이야 서양에서도 여러 사람이 함께 어울려 추기도 하지만 거기에는 개인이라는 독립적 전제가 들어 있다. 동양 사람인 연암과 나는 등(燈)과 촛불처럼 둘에서 하나가 되어 춤을 춘 것이다. 그 시간은 가슴 떨리는 합일(合一)의 순간이기도 했다. 나는 연암이 쓴 글을 여러 번 되읽으며 꼬집어 말할 수는 없지만 지금 우리에게 수많은 뭔가를 이야기하는 것 같았다. 굳이 말로 하자면 이런 느낌이었다. 18세기를 함께 살았던 이덕무와 홍대용 유득공과 박제가를 떠올리게 되는 것이다. 그들을 통해 어떤 식으로든 화려한 학문의 꽃을 빨리 피우고 그것이 능력인 것처럼 여기는 지금 우리에게 진지한 공부가 무엇인지, 진정한 학문이 어떤 것인지를 생각하게 했다.

주자학에 이(理)와 기(氣)라는 것에 관한 학설이 있다. 유학자들의 수 없는 논쟁의 결론을 둘은 하나이면서 다르고 다르면서도 하나라는 것이다. 불교에서도 정(定: 산란한 마음을 고요하게 함)과 혜(慧: 진리를 바로 봄)가 하나라고 했듯이 서로 다르면서 하나인 것을 불이무이(不二無異)라고 했다. 이런 사상은 서양 사상에서는 찾아볼 수 없는 일이다. 동양에서는 쉽게 접할 수 있는 일이기도 하지만 그것을 학문의 완성으로까지 여긴다. 서로가 다르면서도 결국 하나라는 동양의 사유 세계는 죽음과 삶이 하나라는 말과도 일치하는 것이다. 내가 동양인으로 태어나 그 문화 속에서 평생을 살며 연암을 만나 함께 춤을 추고, 그와 함께 동양적 사유를 할 수 있다는 것은 나이 들어가며 내 영혼을 살찌우는 행복함이다.

서양의 철학에도 개인의 주관적 사고에 대해 우리가 본받을 점이 있겠지만, 동양 문화에 길든 우리로서는 그들을 이해는 하지만 받아들이기가 쉽지 않다. 그와 비교해 개인보다 먼저 관계가 앞서는 동양사상에서는 서로 간에 지켜야 할 예절이 더 중요했다. 그것의 한 예로 사람과의 관계에서 올바른 처신은 서예를 하는 것과 같다고 한 말인데 "글씨체는 해서(楷書)와 행서 초서(草書)가 있다. 처음에는 반드시 해서가 기본이 되어야 한다. 사람을 대하는 것도 이와 같다."라고 했다. 이 말은 서예를 아는 사람이라면 말할 것도 없겠지만, 잘 모르는 사람도 서체의 기본만 안다면 이해할 수 있다.

서로가 익숙해지면 행서로 관계해도 무리가 없겠지만, 처음 만나는 사람에게 행서나 초서로 사람을 대했다가는 가벼운 사람이라는 소리를 듣기 십상이다. 만약 눈빛만으로도 통하는 오래된 친구나 가족, 아내에게는 초서로 대해도 괜찮을 것이다. 이처럼 사람을 처음 만날 때, 상대에게 가져야 하는 마음가짐과 예절에 대해서도 얼마나 신중했던 가를 이것 하나만 봐도 알 수 있지 않을까. 만약 우리가 서예 하는 마음가짐으로 사람을 대한다면 어떤 일이 벌어질까, 그런 상상은 하는 것만으로도 마음이 즐겁다. 이처럼 동양의 문화는 개인적인 처신보다는 서로 간의 관계를 훨씬 중요하게 생각했다. 옛 선인들이 사람을 만나는 순간부터 벌써 지금 해야 할 일과 나중에 해야 할 일을 생각한 것은 지금 우리 삶에 비추어 본받아야 할 일이다.

발분(發奮)

　예술가, 그 가운데서도 문학을 하는 사람들은 오랜 세월 가난과 육체적 고통뿐만 아니라 마음고생까지 무던히도 하고 사는 사람이 많다. 그들이 쓴 모든 문학작품이 고난의 삶 가운데 생겨나는 발분(發憤)의 마음 때문인지도 모른다. 내 경험에 비추어봐도 물질적 가난과 나에 대한 결핍으로 고통받을 때, 오히려 선명해지는 것들이 있었다. 그때 보았던 어떤 것은 지금까지도 지워지지 않고 내 머릿속에 각인되어 있다. 그런 것들이 당시에는 고통이었지만, 한편으로는 내 삶을 맑게 했다는 사실을 부인할 수 없다. 어떤 유형의 가난이든 가난은 삶과 사물에 대한 눈을 투명하게 한다. 또한, 그것은 사람들의 일상에서 하찮게 여기는 것에 귀함을 알게 하는 조건이기도 하다.

　모든 것이 갖춰진 풍족한 환경에서는 문학이 설 자리를 잃게 된다. 욕망이 좌절되고 꿈이 깨어져 마음이 상처 입을 때, 비로소 사람의 마음속에는 정서가 생겨난다. 마음속에 억눌려 있던 슬픔과 분노가 뒤섞여 격정과 눈물로 터져 나올 때 눈물이 바로 시가 되고 글이 된다. 대체로 좋은 문학작품은 충족에서 나오지 않고 상실과 일탈에서 나온다는 것은 예나 지금이 똑같다. 그런 힘은 예술가에게 세상과 사물에 대해 눈을 뜨게 한다. 삶의 진정한 의미는 새로운 것을 보는 것이 아니라 새로운 눈을 뜨는 데 있다. 모든 것이 풍족해서 등 따뜻하고 배부른 사람에게는 어떤 경우에도 글 쓰고 싶은 마음이 생기지 않는다. 학문과 예술뿐만 아니라 사랑이나 운동마저도 자기를 잊어버리고 온 정신을 기울일 때 이상하고도 알 수 없는 그런 마음이 스며든다.

언젠가 정민 교수의 책을 읽으며 그 속에서 사마천의 태사공자서(太史公自序)라는 글을 읽고 깊은 생각에 빠져든 시간이 있었기에 그것을 여기에 옮긴다. "옛날 서백(西伯)은 유리에 구금되어 《주역》을 풀이하였고, 공자는 진채에서 곤액을 당하여 《춘추》를 지었다. 굴원은 쫓겨나 《이소》를 지었고, 좌구는 실명한 뒤 《국어國語》를 남겼다. 손자는 다리가 잘리고 나서 《병법》을 논하였고, 여불위는 촉 땅으로 옮기고 나서 《여람》이 세상에 전한다. 한비자는 진나라에 갇힌 채 《세난說難과 고분孤憤》을 지었다. 시경 삼백 편은 대게 성현이 발분하여 지은 바다. 이분들은 모두 뜻에 맺힌 바가 있으나 이를 펼쳐 풀어버리지 못한 까닭에 지나간 옛일을 서술하여 장차 올 일을 생각했던 것이다." 나는 한때 이 글 속에 있는 옛사람들을 생각하며 나 자신을 위로하던 시간이 있었다. 이 글을 처음 읽을 때, 기쁨으로 마음이 떨렸다.

이분들의 인생에 그런 환란과 고난의 세월이 없었더라면 위에서 열거한 인류의 유산과도 같은 책들이 세상 밖으로 나올 수 없었다. 지금 내가 사는 세상은 불확실하고 온갖 두려움으로 짓눌린 세상이다. 상실과 변화로 위협받는 세상, 또 안팎 어디에서도 위안을 찾을 수 없고 고통만이 샘솟는 세상이다. 그 속에서도 책만큼 실제적이고, 원고지(컴퓨터)만큼 내 기운을 북돋워 주는 것은 없다. 내가 어둡고 황폐해진 세상의 숲을 지날 때 지붕과 바람막이를 제공하고 나를 위로하는 안전한 공간이 여기저기에 있다는 것이 내가 세상을 살아가는 힘이기도 하다. 가만히 생각하면 나에게도 그런 발분의 마음이 글 쓰는 원동력이 되지 않았을까 싶다. 그 에너지가 흘러 들어간 곳이 내가 쓰는 글이다.

우리는 독서를 통해 타인의 눈으로 보고, 죽은 사람의 혀로 말하는 힘을 얻는다. 또 책을 통해 깨달음과 지혜를 얻고 새로운 눈을 뜰 가능성을 만들어간다. 나태해졌다고 생각되거나 어느 날 문득 나에게 많은 시간이 무의미하게 흘러갔음을 알고 삶에 대해 허무감을 느낄 때, 나는 책을 읽는다. 책은 나에게 어떤 것을 초월해 내가 있을 또 다른 자리를 마련해주는 힘을 가지고 있는 셈이다. 그 초월의 자리는 나 자신뿐만 아니라 세계를 바라보는 눈도 변화시킬 힘을 준다. 나는 그것으로 인해 굳었던 마음이 봄날 얼음처럼 풀어지고 내 안에도 물이 오르는 것을 느낀다. 누가 뭐래도 내가 그것을 안다. 생각해 보면 이런 해빙의 봄날도 내 안에 문학에 관한 뜨거운 열정이 있었기 때문이다. 만약 나에게 발분(發奮)의 마음이 없었다면 아직도 깜깜한 동굴 속에서 겨울잠을 자고 있을지도 모른다.

내가 사랑한 연암(燕巖) 2부

연암집(燕巖集), 연암산문정독

　1부에 이어 2부 역시 들어가기 전 긴 글을 쓴다. 친구와 이야기하듯 내 말을 하고 싶다. 처음 연암의 글을 읽을 때 그저 한 사람 수필가의 눈으로 읽었을 뿐이다. 지금 쓰는 글도 그렇다. 나 자신 깨달음을 위해 수행처를 찾아 방랑하는 수행승이라고 생각하며 쓴다. 이름 있는 평론가나 비평가처럼 화려한 언어로 쓰지는 못하지만, 수필가의 눈으로 읽고 느낀 것을 말하는 것이 내가 할 수 있는 일이다. 다른 사람 글에 편승해 추켜세우거나 입에 발린 소리 할 일도 없다. 어떤 사람보다 객관적일 수 있다.

　연암(燕巖) 박지원(朴趾源)의 글을 읽는 것은 또 하나의 세상을 살아보는 일이다. 우리가 연암을 이야기할 때 흔히들 조선 최대의 문장가니 뭐니 하는 화려한 수식어가 따라붙는다. 내가 연암을 제대로 안 것은 나이 들어서다. 차츰 그에 관한 것을 알고부터는 그런 화려한 명성과 상관없이 시간이 흐를수록 그만 나도 모르게 그의 세계 속으로 빠져들고 말았다. 그렇게 연암이라는 더 넓은 바다에 빠져 물속을 헤엄치며 돌아다니다 내가 본 것은 물 위에 있는 경치 좋은 작은 섬이 아니라 육지와 이어져 있는 바닷속 큰 산맥 줄기였다. 나같이 좁은 눈으로 바라본 산맥은 너무 거대하고 커서 어디가 어딘지 종잡을 수가 없었다. 골짜기마다 서로 다른 풍경은 나를 놀라게 했는데 그럴 때마다 여태 우물 안에서만 살았던 개구리의 탄식을 쏟아놓지 않을 수 없었다.

연암의 글은 알면 알수록 주제의 다양함과 사유의 깊이는 놀라운 정도가 아니라 경이롭다. 지금 문학을 공부하는 사람들 마음을 움츠리게 하고도 남음이 있다.

내가 읽은 연암의 모든 책은 정말 어느 것 하나 제대로 알지 못하는 나 같은 사람에게도 연암을 만날 수 있게 했다. 장님 코끼리 더듬듯 사방을 제대로 분간 못 하던 나에게 코끼리의 전부를 볼 수 있도록 읽기 쉽게 '연암집(軟巖潗)'이라는 책을 만들어 준 사람(신호열, 김명호)과 '연암산문정독'을 집필한 학자들에게 한없는 고마움을 느낀다. 그들이 아니었으면 동굴 속에 잠자고 있는 박쥐나 까막눈 같은 내가 어찌 연암을 지금처럼 알 수 있었을까 싶다. 그들은 나에게 새로운 지평을 열어 주었고 길을 안내해주는 사람이 없어도 혼자 갈 수 있도록 어깨에 배낭을 메어주었다. 거기에다 지팡이와 길을 잃지 않도록 나침반과 지도까지 챙겨 주었으니 내가 고마워할 수밖에는. 또 그들은 뒤에 오는 사람을 위해 어려운 환경을 헤쳐 가며 길을 만들고 뒤따라오는 사람들이 볼 수 있도록 눈에 잘 띄는 곳에다 안내표지기까지 달아주었다.

지금 나는 그런 길을 가고 있다. 이렇게 편한 길을 걷다가 어떨 때는 남의 과수원으로 들어가 뒷짐 지고 다니며 남이 애써 키운 과일나무에 잘 익은 것만 골라 따먹는 얌체 짓을 한다. 그 누구도 나의 이런 행동을 나무라는 사람도 없고, 이래라저래라 간섭하는 사람도 없다. 잘 익은 나무의 과일을 주인 허락 없이도 마음대로 따먹어도 되니 이왕 먹는 것 배가 터지도록 먹을 생각이다. 욕심부려 너무 많이 먹고 탈이 나지 않도록 내 몫만큼만 먹어야 할 것이다.

나는 연암의 책에 빠져들며 여러 번을 놀라운 일을 겪는다. 처음에는 우리나라에도 이 같은 문장가가 있었다는 것에 놀라고, 연암의 산문을 읽으며 놀란다. 또 열하일기를 읽으면서도 놀라고, 나중에는 지금까지 연암 박지원을 겉으로만 알았던 나 자신의 무지(無知)에 또 한 번 놀란다. 내가 연암의 글을 여기에다 옮기는 이유는 책 첫머리에 이야기했듯이 그동안 '연암문집'과 '연암 산문 정독' '열하일기'를 읽으며 마음에 와닿았던 글이나 생각이 혼자 알기에는 너무 아쉬운 생각이 들어서다. 또 하나는 연암을 소상히 알지 못하는 다른 사람에게도 나와 같은 감정을 느끼게 하고 싶었고 그 감동을 함께하고픈 마음이었다. 거기에다 내 생각을 보탠 것은 나 역시도 나만의 이야기를 하고 싶어서다.

가장 염려스러운 것은 책을 읽으며 밑줄 그어놓은 곳은 전체 문장의 어느 한 부분이거나 짧은 글이어서 연암의 글 속에 흐르는 사상의 큰 강줄기를 제대로 이해하지 못하고 엉뚱한 생각을 늘어놓는 것이다. 게다가 옮겨온 글에 내 생각을 덧붙여 이야기하는 것이 자칫 본래의 물줄기를 벗어나 작은 지류나 실개천에 불과한 것이라면 그 뜻을 그슬리는 일이다. 비록 작은 물줄기라 해도 연암의 것에서 나온 것이 아닌, 실체도 모르는 이것도 저것도 아니라면 차라리 하지 않은 것보다 못하다. 내가 그것을 알고 있어 그럴 일이야 없겠지만 혹시라도 그리될까 그것이 가장 두렵다.

연암에게 한 걸음 더

　연암의 글에는 동양의 철학사상에 관련된 부분이 적지 않다. 나는 그에 관한 연암의 사상을 이해하기 위해서라도 근대 중국의 철학자 펑유란의 "중국 철학사"를 생각하지 않을 수 없었다. 내가 맨 처음 이 책을 읽을 때 아래에 옮긴 글이 가장 가까이 내 마음으로 다가왔다. 이 글을 만나고는 내가 여태껏 책을 통해서거나 남에게 들어 안 것으로 그저 안일한 사고에 젖어있던 나를 또 다른 세계로 데려갔다. 이 책을 읽으며 동양의 사상이나 철학과 종교에 관한 사색을 새롭게 하는 계기가 되었다. 이처럼 한 권의 책은 한 사람의 인생 물길을 바꾸어 놓기도 한다. 때로는 그 물이 다른 물과 합쳐지기도 하고 서로 뒤섞이며 또 다른 철학을 만들어 낸다. 시간이 갈수록 이 책이 나에게 미친 영향이 생각했던 것 이상으로 컸다. 이를 통해 얻은 사유들은 내 머릿속에서 이전의 생각들과 서로 부딪치며 한동안 요동치다가 조용해지곤 했다. 나는 머릿속으로 그것을 느끼며 어떨 때는 나 스스로 대견한 생각이 들기도 했다. 그런 시간이 지나고 전에 내가 했던 생각과 지금을 비교하면 지금 내 마음은 높이 나는 갈매기의 마음과 같다.

　"철학이 인간을 보다 고차적인 가치로 인도해 준다면 이 길은 종교보다 훨씬 더 가깝다. 그 이유는 철학에서는 고차적 가치를 알기 위하여 기도나 예식 같은 우회로를 통할 필요가 없기 때문이다. 철학을 통한 고차적 가치는 종교를 통해 알게 된 가치보다 훨씬 순수하며 거기에는 상상이나 미신이 혼합되어 있지 않기 때문이다. 아마 미래에도 인간은 종교 대신 철학을 가질 것이다. 이것은 중국의 전통과도 부합된다. 이는 인간이 종교적인 요구를 갖지 않는다 하더라도 철학적 태도는 반드시 가져야 할 필요가 있기 때문이다. 우리 인간이 철학적 태도를 가질 때 최상의 종교적 축복을 받게 된다." - 중국 철학사

"세상 어떤 사람은 겉 그림자(그림자 부근에 생기 또 하나의 희미한 그림자)는 그림자에 의해 생겼으며 그 그림자는 형체에 의해, 그 형체는 조물주에 의해 만들어졌다고 말하는데 나는 조물주가 있는지 없는지 물어보고 싶다. 만약 조물주가 없다면 어떻게 사물을 창조할 수 있을까? 그러나 만일 조물주가 있다면 그는 단지 사물들 가운데 하나일 뿐인데 어떻게 한 사물이 다른 사물을 만들어 낼 수 있을까? 그러므로 조물주란 존재하지 않으며 만물은 각기 스스로 만들어 낸다. 만물은 자생하는 것이니 어느 다른 것에 의하여 만들어진 것이 아니다. 이것이 천지(우주)의 올바른 모습이다." - 중국 철학사

철학은 관념이 아니라 삶의 실천 방식이다. 철학적 사유는 자신을 이 사회뿐만 아니라 세계 속 사물과 연대시킴으로써 자기만의 울타리에 갇히지 않고 보편적 존재로서 인간 사유의 전반에 관한 자기성찰이 이루어진다. 철학이나 인문학은 삶의 가치를 다루는 일이다. 그것이 우리에게 당장 무엇을 해결해주지는 못하지만 계속되는 인생에서 어떤 태도로 삶을 살아야 하는지를 일깨워줄 수는 있다. 그런 다음에 우리가 왜 철학을 알아야 하고 인문학적 소양을 갖춰야 하는지를 물으면, 삶에 대한 건강한 지배력을 갖기 위해서라고 우리에게 말해줄 것이다. 다시 말해 자

기 인생을 후회하지 않을 길로 이끌어갈 힘을 기르는 일이다. 그러면 누구의 도움 없이도 자기 스스로 건전한 정신을 바탕으로 당당하게 인생길을 걸어갈 수 있다.

  비슷한말 같지만 중요한 또 한 가지는, 우리가 인문학을 공부하고 인문 정신을 가져야 하는 이유가 우리 삶에서 제때 결단하고 제대로 결정하기 위해서다. 따라서 그 공부의 완성은 결정의 순간과 맞닥뜨렸을 때, 평정심을 잃지 않기 위해 내면의 힘을 키우는 일이다. 세상이라는 바다에서 생기는 온갖 일에 대해 인문학은 삶과 세상을 깊고 넓게 성찰하는 길잡이 역할을 하는 등대와 같다. 불교의 선이나 명상이 자기를 찾아가는 일이듯 철학이나 인문학이라는 것도 결국은 자기를 발견하는 길고 긴 여정이다. 일과 삶이 조화된 인간을 위한 희망의 메시지다.

● 큰누님 박씨 묘지명

 (…) 아아! 누님이 시집가던 날 새벽에 얼굴을 단장하시던 일이 마치 엊그제 같다. 나는 그때 막 여덟 살이었는데, 발랑 드러누워 발버둥 치다가 새신랑의 말을 흉내 내 더듬거리며 점잖은 어투로 말을 하니, 누님은 그 말에 그만 부끄러워하다 그만 빗을 내 이마에 떨어뜨렸다. 나는 골이나 울면서 분에다 먹을 섞고 침을 발라 거울을 더럽혔다. 그러자 누님은 옥으로 만든 자그만 오리 모양의 노리개와 금으로 만든 벌 모양의 노리개를 꺼내 나를 주면서 울음을 그치라고 하였다. 지금으로부터 스물여덟 해 전의 일이다.

 강가에 말을 세우고 멀리 바라보니 붉은 명정(銘旌)이 펄럭이고 배 그림자는 아득히 흘러가는데, 강굽이에 이르자 그만 나무에 가려 다시는 보이지 않았다. 그때 문득 강 너머 멀리 보이는 산은 검푸른 빛이 마치 누님이 시집가는 날 쪽진 머리 같았고, 강물 빛은 당시의 거울 같았으며, 새벽달은 누님의 눈썹 같았다. 울면서 그 옛날 누님이 빗을 떨어뜨린 것을 생각하니, 유독 어릴 적 일이 생생히 떠오르는데 그때에는 또한 기쁨과 즐거움이 많았으며 세월도 느릿느릿 흘렀었다. 그 뒤 나이 들어 우환과 가난을 늘 근심하다 꿈결처럼 훌쩍 시간이 지나갔거늘 형제와 함께 지난날은 어찌 그리도 짧은지.

■

《종북소선》의 비평에는 "친가(親家)쪽 집안일을 알려면 고모에게 물어보면 되고, 외가(外家)쪽 집안일을 알려면 이모에게 물어보면 된다. 그런데 고모나 이모가 없는 사람은 어떻게 해야 하나. 만일 누님이 있다면 친가나 외가의 집안일을 모두 알 수 있다. 자기가 혹 늦둥이로 태어나 친할머니나 외할머니를 섬기지 못한 데다 불행하게도 어린 나이에 어머니를 여의었다면 누님에게 옛일을 물어볼 수밖에 없을 터이다."라고 했다.

나 역시 집안 식구 중에서도 누님에 대한 기억이 각별하다. 형이나 동생에 대한 기억보다는 누님에 대한 기억이 강렬한 것은 내가 나이가 조금 들어서다. 어릴 적 기억은 있기는 해도 희미하지만, 내가 사춘기 때 누나로 인해 받은 영향은 내 인생의 물길 하나를 만들어놓았다. 물이 흐르는 곳에 도랑이 만들어지듯 그 물길을 만든 첫 물방울이 누나가 건네준 책 한 권이었다. 그 물방울이 끊이지 않고 다른 물줄기와 합쳐지며 계속 이어진 것도 누님 때문이고, 큰물이 있는 곳을 나 스스로 찾아가게 해준 것도 누님이다. 결국, 오늘의 나를 있게 한 것이 누님이 건네준 책이었다. 길이야 나 스스로 걸어왔지만, 나이 들어서도 내가 길을 못 찾아 헤맬 때마다 옛 기억을 떠올리며 어둠의 바다에 등대가 되어준 누님을 생각한다.

나이 든 지금, 앞날을 생각하면 만약에 내 명命이 길어 나보다 누님이 먼저 가는 일과 마주한다면 나 또한 연암의 심정과 다르지 않을 것이다. 그나저나 시간이 지나고 보니 연암의 말처럼 그때는 세월도 참 느릿느릿 가더니만 지금은 왜 이리도 **빠른지** 그야말로 순식간이다. 옛사람들이 세월의 **빠름**을 두고 한 말들을 그때는 왜 몰랐을까.

내 누님

누님은 예순 중반을 넘어섰지만, 나이에 비교해 얼굴에 주름도 없고 피부는 맑고 곱다. 어떨 때는 봄에 갓 돋아난 쑥 이파리처럼 상큼하고 고운 얼굴이다. 누나의 얼굴을 생각할 때면 내가 초등학교 다니던 시절, 같은 학교 합창단에서 노래 부르던 누나의 모습이 그려지고 학교 강당에서 단원들과 부르던 노래가 생각난다.

　　먼 산에 진달래 울긋불긋 피었고
　　보리밭 종달새 우지우지 노래하면
　　아득한 저 산 넘어 고향 집 그리워라
　　버들피리 소리 나는 고향 집 그리워라

맑고 고운 목소리가 귓가에 맴돈다. 누나는 그때 방송국에서 어린 학생들을 모집해 만든 무궁화합창단에 단원이었다. 예쁜 단복을 입고 어머니와 집을 나서면 이웃 사람들이 부러운 눈으로 쳐다보았다.

따뜻한 봄날, 누나와 나는 소쿠리와 자루를 가지고 살던 집 너머 '대티고개'라는 언덕길을 넘어 쑥을 뜯으러 갔다. 산들바람을 맞으며 걷는 길가 나무에는 물이 오르고 양쪽 비탈진 언덕에는 파릇한 풀잎이 돋아나고 있었다. 당시에는 짐을 싣고 고개를 넘는 소달구지가 있었다. 누나와 나는 주인의 눈치를 살펴 가며 뒷자리에 슬쩍 올라타고는 봄바람 부는 그 길을 넘어갔다. 소를 모는 사람은 뒤돌아보며 우리를 보고도 나무라지 않았다. 빙그레 웃는 모습이 밀짚모자 쓴 아버지처럼 푸근했다.

　낮은 산기슭 언덕으로 올라가 지난해 마른풀 사이로 파란 쑥을 찾으면 소풍 때 보물찾기를 하듯 반가웠다. 멀리 떨어져 쑥을 캐는 누나는 맑고 기쁨에 들뜬 목소리로 나를 부르며 홍식아 여기 좀 봐라! 여기 우묵하게 돋아있다며 좋아했다. 누나 있는 곳으로 뛰어가면 그곳엔 정말 쑥이 무더기로 돋아나 있었다. 주변을 둘러보면 여기저기 얼굴을 내민 쑥은 사람이 일부러 심은 것 같았다. 나는 쑥 뜯을 생각은 않고 외양간을 나온 송아지처럼 풀밭을 뛰어다녔다. 그러다가 누나 곁으로 가서 조그만 칼로 쑥을 캐면 그 내음이 코끝에 스치고 소쿠리에 담긴 쑥에서도 향긋한 내음과 함께 봄이 담겨있었다. 혼자 풀밭을 뛰어다니다 큰 바위나 언덕에 올라가면 멀리 나물 캐는 누나 모습이 봄 아지랑이 속에 아물거렸다.

　집으로 올 때는 종일 뜯은 것을 작은 자루에 담아 어깨에 둘러메고 돌아오면 자루에 담긴 쑥 향기에 묻힌 봄이 함께 따라왔다. 저녁 어머니는 집 옆에 있는 우물에서 씻은 쑥에다 된장을 풀어 끓인 국을 식구들은 맛있게 먹었다. "이제 정말 봄이 왔네." 하시며 두 그릇이나 먹는 아버지는 소달구지를 끌고 고개를 넘어가던 밀짚모자 쓴 아저씨와 닮았다. 아버지에게 봄은 모락모락 피어오르는 쑥국의 김 사이로 오는 것이다. 지금도 쑥국을 먹을 때 생각나는 누나 얼굴에는 지난 시절 쑥 캐던 어릴 적 모습이 모락모락 피어오르는 국그릇의 김 속에 아지랑이처럼 어리어 있다.

그 시절 누나와 내가 살던 곳은 지금 부산에 있는 대티터널 옆이다. 터널이 뚫리고 나서 산 넘어 까지는 잠깐이면 되지만, 그 시절에는 고개를 넘어야 했다. 그러면 낙동강이 흐르는 쪽으로 하단과 을숙도로 가는 길이 보인다. 지금은 옛 모습이 흔적 없이 사라졌지만 어쩌다 그곳을 지날 때면 빽빽이 들어선 아파트 속에서 그때 모습을 그려보는 것이다. 저기 저 만큼에는 무엇이 있었고, 저기 저 부근에는 또 무엇이 있었었는데 싶어 가물거리는 기억을 아무리 더듬어보아도 알 길은 없다. 아파트 사이로 언뜻언뜻 보이는 푸른 언덕에는 아직 그날 추억이 겨우내 언 땅을 뚫고 쑥이 돋아나는 것처럼 기억의 창고에서 비집고 나오려 한다.

이제 옛 모습은 사라지고 흔적도 없다. 서울에 사는 누님을 가끔 볼 때면 지나간 이야기를 할 때가 있다. 늘 바쁜 탓에 함께 쑥 캐러 간 이야기는 할 틈이 없었지만 그래도 매번 봄이 올 때면 그 추억은 누나의 가슴속에도 생생하게 남아있을 것이다. 만약 어느 날 누님이 그때 기억을 떠올린다면 아마 틀림없이 희미하게 미소 짓는 누님 얼굴에는 봄날 쑥 냄새가 묻어있을 것이다.

●《중국인 벗들과의 우정》에 대하여

 (…) 홍군은 슬픈 표정으로 이윽히 있더니 이렇게 말했다.
 "나는 우리나라에 사람이 없어 벗을 사귈 수 없다고 생각지는 않지만, 실로 지경(地境)에 국한되고 습속에 구애되어 답답한 마음이 없지 않았사외다. 지금의 중국이 옛날의 중국이 아니고 그 사람들이 입고 있는 옷이 저 옛날 중국의 선왕(先王)들이 만든 옷이 아니라는 걸 난들 왜 모르겠습니까. (…) 제도는 비록 변했어도 도의(道義)는 바뀌지 않거늘, 이른바 옛날의 중국이 아니라고 한 그곳에 어찌 그 백성은 될지언정 그 신하는 되지 않겠다는 사람이 없다고 하겠습니까.

 그렇다고 한다면 저들 세 선비가 —홍대용은 1765년 11월에 작은 아버지 홍억(洪檍)의 수행원 자격으로 청나라를 방문했고 이듬해인 1766년 북경에서 중국 항주(抗州) 선비인 엄성(嚴誠), 반정균(潘庭筠), 육비(陸飛) 등을 만나 국적을 초월하여 우정을 나누었다. 나를 볼 때 중화와 오랑캐의 구별이라든가 의론이나 지체가 다른데 대한 거리낌이 왜 없었겠습니까. 그럼에도 번거로운 법도를 깨트리고 자잘한 예절도 치워버리고는 진정(眞情)을 드러내고 간담을 토로했으니 그 크고 너른 마음이 쩨쩨하게 명예나 권세나 이익의 길에서 아득바득하는 치들과 어찌 같다고 하겠습니까.

(…) 나는 그 책을 다 읽고 탄복하여 혼자 이렇게 중얼거렸다. "홍군은 벗 사귀는 법에 통달했구나! 나는 이제야 벗 사귀는 법을 알았다. 그가 누구를 벗으로 삼는지를 보고, 누가 그를 벗으로 삼는지를 보며, 또한 그가 누구를 벗으로 삼지 않는지를 보는 것, 이것이 나의 벗 사귀는 방법이다."

● 중옥(仲玉)에게 답함

1.
귀에 대고 속삭이는 말은 듣지 말아야 할 것이요, 발설 말라 하면서 하는 말은 애초 하지 말아야 할 일이니 남이 알까 두려운 일을 무엇 때문에 말하며 무엇 때문에 들을 까닭이 있소. 말을 이미 해놓고 다시 경계하는 것은 상대방을 의심하는 일이요, 상대방을 의심하고도 말하는 것은 지혜롭지 못한 일이요.

2.
말세(末世)에 사람을 사귈 땐 마땅히 말이 간결하고 기운이 침중하며 성품이 졸박(拙朴)하고 뜻이 검약한가를 봐야 할 거외다. 계교가 뛰어난 사람을 사귀어선 안 되고 야심이 큰 사람을 사귀어선 안 됩니다. 세상에서 쓸 만하다는 사람은 필시 쓸모없는 사람이며 세상에서 쓸모없다고 말하는 사람이 필시 쓸 만한 사람이외다. 온 세상이 안락하고 고을에 일이 없어 참으로 쓰일 만하더라도 어찌 달갑게 재기(才氣)를 보이고 정신을 떨치어 가벼이 남에게 드러내 보이겠습니까. 저 갑옷 입고 말 타는 일은 얼핏 용감해 보이지만 실은 늙은이의 판에 박인 일에 불과하고, 한사

코 육십만 대군을 요청하는 것은 얼핏 겁쟁이처럼 보이지만 실은 지사(智士)의 깊은 계책이외다.

■ 연암이 "장인 처사 유언 재 이공 제문" 말미에 이런 글이 있다.

처사로서 가난한 생활을 하든
제후로서 부귀를 누리든
더 낫지도 않고 더 못하지도 않은 것이
'사'士라는 한 글자 아니겠습니까.
명命이란 하늘에 매인 거고
때는 만날 수도 못 만날 수도 있나니
이를 분별한 자라야
비로소 공公의 뜻을 알겠지요.

연암의 -가상루에서의 아름다운 만남. 상루필담(商樓筆談)-이라는 글에서 이귀룡이라는 중국 사람이 연암과의 대화 중에 한 말이다. "우리들은 벗을 사귀는 일에 지극한 정성을 다한답니다. 옛글에도 세 사람이 길을 가면 그중에 반드시 나의 스승 될 이가 있다 하였고, 또 두 사람의 마음이 합하면 굳은 쇠라도 끊을 수 있다 하였으니, 천하의 즐거움 가운데 이보다 더 나은 것이 있겠습니까. 사람의 한평생에 벗이 없다면 아무런 재미도 없을 것입니다. 저 입고 먹는 것 밖에 모르는 사람들은 모두 친구 사귀는 재미를 모른답니다. 세상에는 생김새가 밉살스럽고 말씨가 설렁한 자가 얼마나 많습니까. 그들은 옷가지며 밥사발에만 눈을 줄 뿐 벗을 사귀는 즐거움이라곤 눈곱만큼도 알지 못합니다."

예덕선생전(穢德先生傳)

　선귤자(蟬橘子: 이덕무의 호)가 제자로부터 '예전에 선생님께 벗의 도를 들었는데 '벗이란 함께 살지 않는 아내요 핏줄을 같이 하지 않은 형제와 같다.'고 말씀하셨습니다. 벗이란 이같이 소중한 것인 줄 알았습니다. 그리고는 그렇지 않은 스승 곁을 떠나려 하는 제자 자목(子牧)을 불러 앉히며 벗을 사귀는 것에 대해 하는 말이다.

　내가 너에게 벗을 사귀는 것에 대해 말해주마. 속담에 '의원이 제 병을 못 고치고 무당이 제 굿 못 한다' 했다. 사람마다 자기가 스스로 잘한다고 여기는 것이 있는데 남들이 몰라주면, 답답해하면서 자신의 허물을 듣고 싶은 체한다. 그럴 때 예찬만 늘어놓는다면 아첨에 가까워 무미건조하게 되고, 단점만 늘어놓는다면 잘못을 파헤치는 것 같아 무정하게 보인다. 따라서 잘하지 못하는 일에 대해서는 얼렁뚱땅 변죽만 울리고 제대로 지적하지 않는다면 제아무리 크게 책망하더라도 화를 내지 않을 것이니, 상대방의 꺼림칙한 곳을 건드리지 않았기 때문이다.

　그러다가 비슷한 물건을 늘어놓고 숨긴 것을 알아맞히듯이 자신이 잘한다고 여기는 것을 은근슬쩍 언급한다면, 마치 가려운 데를 긁어주는 것처럼 진심으로 감동할 것이다. 가려운 것을 긁어주는데도 방법이 있다. 등을 토닥일 때는 겨드랑이 가까이 가지 말고 가슴을 어루만질 때는 목을 건드리지 말아야 한다. 뜬구름 같은 말을 하는 것 같으면서도 그 속에 결국 자신에 대한 칭찬이 들어있다면, 뛸 듯이 기뻐하며 자신을 알아준다고 말할 것이다.

 (…) 무릇 시장에서는 이해관계로 사람을 사귀고 면전에서는 아첨으로 사람을 사귀지. 따라서 아무리 친한 사이라도 세 번 손을 내밀면 누구나 멀어지게 되고, 아무리 묵은 원한이 있다 하더라도 세 번 도와주면 누구나 친하게 되기 마련이지. 그러므로 이해관계로 사귀게 되면 지속되기 어렵고, 아첨으로 사귀어도 오래갈 수 없다네. 훌륭한 사귐은 꼭 얼굴을 마주해야 할 필요가 없으며, 훌륭한 벗은 꼭 가까이 두고 지낼 필요가 없지. 다만 마음으로 사귀고 덕으로 벗하면 되는 것이니, 이것이 바로 도의(道義)로 사귀는 것일세. 위로 천고의 옛사람과 벗해도 먼 것이 아니요, 만리(萬里)나 떨어져 있는 사람과 사귀어도 먼 것이 아니라네.

 *

 (…) "만약 나를 알아주는 한 사람의 벗을 얻는다면 나는 망설임 없이 10년 농안 뽕나무를 심고 1년 동안 누에를 길러 손수 오색실을 물들일 것이다. 열흘에 한 가지씩 물들인다면 50일이면 다섯 가지 색을 물들일 수 있을 것이다. 이것을 따뜻한 봄볕에 내놓고 말려서 여린 아내에게 부탁해 백번 달군 금침으로 내 벗의 얼굴을 수놓게 하리라. 그런 다음 고운 비단으로 장식하고 예스러운 옥으로 막대를 만들 것이다. 이것을 가지고 뾰족뾰족하고 험준한 높은 산과 세차게 흐르는 물이 있는 곳, 그 사이에 펼쳐놓고 말없이 바라보다 뉘엿뉘엿 해가 저물 때면 품에 안고 돌아오리라." 이 글은 이덕무가 벗에 대해 쓴 글인데 한편의 아름

다운 詩다. 나는 처음 읽으며 글 속에 든 이덕무의 오색실 같은 아름다운 마음이 무지개처럼 다가왔다.

■

　연암은 글에서 벗이란 함께 살지 않는 아내와 같다고 했다. 어쩌면 진정한 벗이란 아내보다 더 귀한 존재인지도 모른다. 아내는 두세 번 새로이 맞아들일 수가 있지만 벗은 그렇지 못하다. 아내보다 귀하게 여겨지는 벗을 만나기란 그만큼 어렵다는 말이다. 우리가 흔히 아는 이야기로 "내가 좋은 친구를 사귀고 싶으면 내가 먼저 좋은 친구가 되라"는 말도 있다. 추위에 떨어본 사람일수록 태양의 따뜻함을 알고, 인생의 괴로움을 겪어온 사람일수록 생명의 존귀함을 안다고 했다. 이런 상황을 겪어본 사람과 친구가 된다는 것은 그야말로 축복이다.

　연암의 글에는 유난히 벗에 관한 글이 많다. 벗 사귐에 대한 옛사람의 가르침을 요즘 사람들이 들어도 가슴에 와닿는다. 그런데 어찌 된 영문인지 요즘은 사람 모이는 곳이면 어디를 가나 목소리 큰 사람이 너무 많다. 저마다 제 잘난 탓에 설쳐대는 바람에 누구를 골라 벗으로 삼아야 할지 정말 헛갈릴 때도 있다. 그렇게 잘나가는 사람 중에는 도저히 벗으로 사귀기 어려운 사람도 있다. 그런 사람도 자기가 사귀는 벗이 있을 터인데 도대체 그와 벗으로 사귀는 사람이 누구인지 그것이 궁금해지기도 한다. 만약 벗을 사귀고 싶은 사람들이 위에 글을 읽고 거기에 걸맞는 벗을 찾으려 한다면 요즘 같은 세상에 과연 그런 사람이 있기나 할까.

　자기가 남보다 잘났다고 생각하는 사람에게 해주고 싶은 말이 있다. 자기가 참으로 잘났음을 인정받으려면 곁에 좋은 벗이 있으면 된다. 왜냐하면 자신이 정말 잘났으면 그런 사람 곁에는 좋은 벗이 떠나지 않기 때문이다. 설령 그런 점을 충족시킨다고 해도 어느 부분 사회적으로 인정받는 사람이 되면, 다른 사람들 앞에서 늘 완벽하고 흐트러지지 않은 모습만 보이려 애쓰지만, 그럴수록 잘못된 것임을 알아야 한다. 자기 자신은 안 그런 것 같아도, 실제로는 그렇지 않다고 해도, 자칫 그 모습이 다른 사람의 눈에는 위선이나 눈가림으로 잘못 비칠 수 있다. 자기 스스로 불완전함을 인정하는 것, 그것이 바로 잘난 사람이 되는 지름길이다. 자신의 부족함과 정면으로 마주할 때, 비로소 인생이 살만해지고 한 번쯤 자신이 바라는 인생을 꿈꿀 수도 있다.

친구가 많다는 것은

주변에 친구가 많다는 것은 이유 불문하고 좋은 일이다. 너무 많은 것이 문제인데, 세상을 모나지 않게 잘 살았다는 뜻도 되겠지만 어찌 보면 자기만의 삶을 살지 못했다는 뜻이기도 하다. 삶이라는 화선지에다 자기만의 색깔로 붓질하지 못했다면 남이 만들어놓은 세상을 마치 자기가 만든 것 인양 착각하며 사는 건지도 모른다. 세상을 살아보면 당사자가 주변에 사람이 많을 때는 돈 있고 권력을 가졌을 때뿐이지 않던가. 우리 누구나 그 끈이 떨어지고 나면 추수 끝난 들판에 서 있는 허수아비와 같다는 걸 세월이 흐르며 하나둘 깨닫게 된다. 사람을 물건에 비유해서 뭣하지만 친구라는 것은 양보다는 질이다. 우리가 익히 아는 관중과 포숙의 관포지교(管鮑之交)의 고사까지야 들먹일 필요가 없겠지만 진정한 친구란 그와 같다.

중국의 속담집 석시현문(昔時賢文)에 이런 말이 있다. "술이 있고 고기가 있으면 모두 형제이지만, 환난을 겪으면 어찌 한 사람이라도 보이던가? 가난한 사람이 사는 시끄러운 시장에는 길 묻는 사람도 없지만, 부자가 있는 깊은 산에는 먼 친척도 온다네." 사람과 사람의 관계에서는 권세나 이익을 좇는 것이 정상이다. 순수하게 도의(道義)만 따지고 권세나 이익을 생각하지 않는 것이 오히려 비정상이다. 고전을 읽다 보면 세상인심에 관한 이야기가 많고도 많지만, 그중 하나를 꼽으라면 부자가 살면 험하고 깊은 산이라도 고생길을 마다하지 않고 사람들이 찾아온다는 이 말만큼 사람 마음을 제대로 들여다본 것은 없을 것 같다.

　우리가 진정 알아야 할 것은 다른 사물에 너그럽게 대하면서 사람에게 너그럽지 않는다면 너그러운 사람이 될 수 없지만, 다른 사물에 너그럽지 않지만 오로지 사람에게만은 너그럽다면 그것은 오히려 너그러움이다. 너그러움이라는 것은 자신과 똑같은 사람들에게 사람답게 대하는 것이다. 그런 마음이 바탕 된 사람이 친구가 많다면 자신이 곤경에 처했을 때 사람들이 외면하지 않는다. 내 주변 사람 중에는 흔히 걸리적거릴 만큼 친구가 많다고 하는데, 이런 사람일수록 엄정한 눈으로 자신을 되돌아봐야 한다. 이도 저도 아니고 그냥 어중이떠중이로 오다가다 만난 술친구 같은 사람이라면 차라리 없는 것만 못하다.

　우리가 명심해야 할 것은 나이 들수록 자기 스스로 마음 수양을 쌓지 못하면 나중에는 기댈 곳이 없다. 사람의 앞일은 누구도 알 수 없다. 자신이 의지할 곳이라 믿었던 것들이 하나둘 곁을 떠나고 나면 바람 빠진 풍선처럼 쪼그라들고 만다. 그런 내면의 힘이 있고 없고는 한 사람의 남은 생을 좌우하는 것이다. 인생이라는 게 처음 세상 밖으로 나올 때는 두 손을 꼭 쥐고는 울음을 터뜨리고 나오지만, 세상 밖으로 나갈 때는 두 손을 펴고 나가며 울음도 남이 대신 울어준다. 나갈 때 대신 울어주는 친구가 많다면 그 사람은 잘살았다고 할 수 있겠지만. 내 경험으로는 잠시 그때뿐이다. 평소 죽고 못 살던 친구도 얼마간 시간이 지나고 나면 잊어버리고 만다는 걸 우리가 더 잘 알지 않은가. 돌아서서는 자기 일에 관한 생각뿐이다. 그렇지 않던가?

　내가 지금껏 살며 봐온 장례식장 풍경이다. 친구든 가족이든 죽은 사람을 떠나보내기도 전에 장례비 문제로 마음이 상하고, 친구만이 아니라 가족끼리도 부조한 돈 때문에 시비가 생기는 일이 허다하다. 조문하러 온 사람도 영정 앞에서 엄숙한 몸짓으로 슬픈 표정을 짓는 것도 잠시 그때뿐, 상주와 맞절하고 나오면 죽은 사람을 곁에 두고 마치 잔칫집처럼 흥청거리며 돌아다닌다. 어떨 때는 끼리끼리 모여 바깥으로 나가 호프집에서 치킨과 맥주를 마시며 호기 있게 떠들어대거나 아니면 식당에서 주문한 음식을 배 터지게 먹는다. 고스톱 치는 사람들 옆방에서 상주는 부조한 봉투에 돈을 모아 손가락에 침을 묻혀가며 열심히 세고 있다. 한마디로 죽은 사람만 섧다.

만약 죽은 사람이 영혼이 바깥으로 나와 이런 풍경을 본다면 아마 기가 막힐 것이다. 그것을 알고 싶다면 어디 한번 자신이 병들어 아플 때를 생각해보면 된다. 친구들이 문병이야 오겠지만 그 그냥 입에 발린 소리 말고는 아무하고도 그 아픔을 나눌 수 없다. 아프지 않을 때는 자기만큼은 다를 거로 생각하겠지만 천만의 말씀이다. 그건 오직 자기 생각이다. 친구가 많다는 것은 한때의 자랑일 뿐 그리 내세울 일만은 아니다. 다시 말해 어떤 친구가 어떤 모습으로 있는가가 중요하다. 살면서 친구 따라 강남 간다는 말은 들어봤어도 친구 따라 저승 간다는 말은 내 평생 한 번도 들어보지 못했다. 친구 따라 강남 간다는 것도 젊었을 때 일이지 이 빠지고 몸 허물어지면 결국 남는 건 자기뿐이다. 그때가 되면 친구고 뭐고 아무 소용없다. 꼭 기억하자. 죽을 때까지 자신을 바로 세워 품위 있는 모습을 보일 수 있는 사람은 자기밖에 없다는 것을.

● 형암(이덕무)에게 보낸 편지

 화병(畫甁)에 윤회매 열한 송이가 달린 가지를 꽂아 동전 스무 닢을 얻어 형수님께 열 닢 드리고, 아내에게 세 닢 주고, 형님 방 땔 나무 비용으로 두 닢 쓰고, 내 방에도 또한 그렇게 하고, 담뱃값으로 한 닢 쓰고 나니 공교롭게도 딱 한 닢이 남았구려. 그래서 이렇게 보내드리니 웃으며 받아주면 좋겠소.

종북소선의 비평

 이덕무는 《종북소선》이란 글에서 연암이 윤회매 만드는 일을 이렇게 변호하고 있다. "유비는 영웅이지만 모직물 짜는 일을 했고 혜강(嵇康)은 광달(曠達:마음이 넓어서 사물에 구애받지 않음)한 인물이지만 대장일을 했었다. 안진경(顔眞卿)은 충신이건만 돌에 글씨를 새기는 일을 했고, 심인사(沈麟士)는 고사(高士)이건만 주렴 짜는 일을 업으로 삼았으며, 무담남(武澹男)은 청광(淸狂)이건만 불침(불에 달군 쇠꼬챙이)으로 대나무에 그림 새기는 일을 했었다. 서우(徐渭)같이 비범한 인물도 그림을 팔아 생활했고, 진앙

(陳㬱)처럼 빼어난 인물도 시를 팔아 생활했었다. 이는 모두 옛사람이 일에 마음을 붙여 생계를 꾸려간 경우들이다."

유비에게는 이런 이야기가 전한다. 유비는 모직물 짜기를 좋아했는데 마침 어떤 사람이 소 꼬리털을 보내왔다. 유비는 그것으로 뭔가를 짜기 시작했는데 이때 제갈량이 나서서 이렇게 말했다. "장군께서는 큰 뜻을 가지고 계실 터인데 이런 일은 하신단 말입니까." 이에 유비는 짜던 것을 던져버리고 웃으며 말했다. "그게 무슨 말이오? 무료해 근심을 덜고자 한 일일 뿐이오."

■

연암이 이덕무에게서 윤회매 만드는 법을 배운 뒤, 손수 만든 윤회매를 화병에 꽂아 비단가게에 동전 스무 닢을 받고 판 일을 말한다. 연암집 5권의 '관재(觀齋)에게 윤회매 사라고 보낸 편지'로 보건데, 아마도 연암은 자기가 만든 윤회매를 관재(서상수의 호)에게 먼저 보내 일단 값을 정한 다음 거기에 준해 돈을 받았던 것 같다. 말하자면 연암은 수예품을 만들어 상업행위를 한 셈이다.

나는 연암에게서 이런 모습이 있었다는 걸 처음 알았는데, 정말 뜻밖이었다. 아마 다른 사람이 내 표정을 보았다면 틀림없이 글을 읽는 내 얼굴에 웃음기 가득했을 것이다. 그 이유가 가난 때문이라면 조금은 마음 아프지만, 오히려 솔직한 인간의 모습으로 가까이 다가오는 것 같아 그게 더 좋았다. 관중(管仲:춘추시대 제나라의 재상)의 말처럼 "곳간이 차야 예절을 알고 의식(衣食)이 풍족해야 영욕(榮辱)을 안다."라는 명언이 있듯이 이 말의 의미가 무엇인지는 길게 설명하지 않아도 누구나 아는 일이다. 다시 말해 사람이면 누구든 밥 먹고 잠 잘 곳이 있어야 하고 또 옷을 입어야 한다. 이 같은 생활의 최소 기본적인 것이 충족되지 않으면 예절을 알 수 없다는 말이다. 예절이나 나머지 것들은 이런 것이 해결되고 난 다음이다.

나는 이 글을 읽으며 오래전 읽었던 '서머싯 몸'의 《인간의 굴레》라는 책에서 본 글 한 대목이 떠오른다. 가난 앞에서 동서양 사람 모두가 똑같아지는 것은 가난은 사람을 가리지 않아서다. 역사책을 읽다 보면 자신의 모진 가난에 대해 그 상황을 이겨내는 특별한 사람도 있겠지만 누구든 가난 앞에서는 무릎을 꿇을 수밖에 없는 게 사람이다. 가난한 사람이 세상을 살아가라면 비껴갈 수 없는 것이 있는데 아래의 글도 그중 하나다. 소설의 주인공 필립이 돈이 궁한 나머지 친구에게 자기가 그린 그림을 팔러 갔다가 친구에게 일장 연설을 듣는 대목이다.

"(…) 늘 먹고 사는 일로 걱정해야 하는 것만큼 구차한 게 또 없지, 난 돈을 멸시한다는 인간이라면 대단히 경멸할 뿐이네. 그런 녀석들은 위선자든가 바보 천치든가 둘 가운데 하나겠지 돈이란 이른바 육감 같은 거야. 이것이 없으면 나머지 오감도 도저히 온전한 기능을 발휘하지 못하는 법일세. 적당한 수입이라는 것이 없으면 인생 가능성 절반이 우선 막히고 마는 셈이야. 다만 깨달아야 할 것은 벌어들이는 돈이 1실링이라면 1실링 이상은 써서는 안 된다는 것일세.

자네도 들었겠지만, 가난이야말로 예술가에겐 최고의 자극이라는 둥 하는 자들이 있는데, 그런 녀석들은 가난의 고통을 진정으로 겪어보지 못한 것이 뻔해. 가난이 사람을 얼마나 천박하게 만드는가를 아직 모르고 떠드는 수작이지 가난이란 사람을 한없이 비열하게 만들고 그 날개를 잘라버리고. 마치 암처럼 영혼을 마구 파먹어 들어가는 것일세. 그렇다고 큰 부자가 되길 바라는 것은 아니네. 다만 인간으로서 체면을 유지하고 걱정 없이 일할 수 있고 너그럽고, 대범하고 도량 넓게, 그리고 독립된 인간으로서 살아나갈 수 있을 만큼의 돈만 있으면 된다는 말일세. 작가건, 화가건, 예술에만 기대어 먹고사는 사람들이야말로 진정 불쌍한 자들이지. 필립은 내보였던 그림을 조용히 치웠다."

앞서 말했던 관중(管仲)의 말처럼 사람은 우선 먹을 것이 있고 경제적으로 생활이 안정될 때 비로소 인간으로서 예절을 알고 명예를 존중할 줄 안다는 것이다. 경제의 독립이 없으면 정신과 양심의 독립, 인격의 독립은 불가능하다. 맹자도 항산(恒産)이 없으면 항심(恒心)도 없다고 했다. 항산은 확실한 생업이나 여유 있는 재산을 의미한다. 우리같이 보통 사람은 항산이 없으면 항심이 없다는 것이다. 다시 말해 경제적으로 안정되지 않으면 정신의 안정도 없다는 말이다.

나이 들어 하는 일

한창 일할 나이인 젊은 사람들은 나이 든 사람이 힘든 일하는 것을 보고 '저 나이에도 저런 일을 해야 하나' 하는 사람이 있다. 자신들이 보기에 나이와 어울리지 않는 일을 하고 있다는 말이다. 나는 그 소리를 들을 때마다 듣기 거북하다. 나는 그런 그들에게 해주고 싶은 말이 있다. '당신도 나이가 저쯤 될 때 다시 한 번 생각해보라고, 그러면 삶이 얼마나 다양한 얼굴을 가졌는지 알게 될 거라고' 말이다. 단순히 생계를 위해 억지로 하는 일이라면 힘들 수도 있겠지만, 그곳에서 삶의 값을 찾는다면 몸은 힘들어도 마음은 즐거운 법이다. 사람이 일하는 목적은 저마다 다르겠지만, 처지에 따라 같은 일이라도 어떤 사람은 고통스러울 수 있고 또 어떤 사람은 거기에서 삶의 의미를 찾으며 즐거움을 느낀다.

나이가 들어 일할 수 있다는 것은 그것만으로도 행복하다. 만약, 가진 것은 조금 있지만 당장 할 일이 없어 온종일 무엇을 할까, 또 내일은 무얼 하며 하루를 보낼까를 생각하며 여기저기 기웃거리며 소일한다면 과연 그것이 사람을 행복하게 해줄까. 내가 생각하기엔 아마 그보다 더한 괴로움은 없을 것 같다. 자기에게 할 일이 없다는 것, 아침에 눈 떠 할 일이 없다면 세상을 살아도 실은 살지 않는 것과 같다. 아마 그 사람은 60이 넘은 나이에 힘든 일을 하는 것이 안쓰러워 보였을 것이고, 저 나이에는 뭔가 좀 더 여유 있는 생활에 근사한 모습이어야 한다는 생각이 머릿속에 박혀버렸다. 그런데 내가 보기에는 오히려 그 사람의 앞날이 더 걱정스럽다.

다른 사람과 자신의 성공 여부를 평가할 때, 사회적 지위나 영향력, 부와 교육 수준 등을 가지고 평가하는 일이 대부분이다. 그와 다르게 자신이 인간으로서 얼마나 성숙했는지 평가할 때는 내적 요소들이 더 중요하다. 우리에게 중요한 것은 어떤 일을 받아들이는 태도이며 이것이 우리 삶의 전부라 해도 과언이 아닌 것은 그 태도에 따라 행복과 불행이 나뉘기 때문이다. 나이가 들어서 여유 있는 모습이 어떤 모습이며 나이에 어울리는 삶의 기준이 어떤 것인지 단정 지을 수 없다. 우리가 이 세상에 대해 알고 있는 것은 자기가 생각하는 것보다 훨씬 적다. 안다고 하는 것은 빙산에 일부분일 뿐 수없이 많은 미지의 세계가 우리를 둘러싸고 있다. 우리가 그것을 안다면 삶에 훨씬 겸손해지고 나이 들어서도 끊임없는 호기심과 열정으로 일하고 사는 게 즐겁다고 생각하게 된다.

행복의 기준이란 다른 사람이 평가하는 것이 아니라 내 행복은 내가 판단해야 한다. 내가 하는 일이 즐거우면 두말할 것 없이 행복하고 지금 행복하면 나중에도 행복하다. 지금껏 그것을 모른다면 삶을 제대로 살지 않은 사람이다. 자신이 하는 일에 일가를 이룬 사람들 대부분은 인생을 즐길 줄 아는 사람이다. 일하는 과정 그 자체를 일이라고 생각하지 않는다. 삶이란 자신을 찾아가는 과정이다. 자신이 어떤 삶을 살고 있는지 자신의 재능이 어떤 것인지 모르고 생을 마무리한다면 하루 벌어 하루 먹는 막노동꾼의 삶처럼 서글프다. 자기에게 주어진 삶에 겨우 한 꺼풀조차도 채 못살고 간다면 한 번뿐인 인생이 너무 억울하지 않은

가. 자신의 정체성을 찾아 인생 사다리를 오르는 일은 그것이 아무리 힘들어도 반드시 올라가야 한다.

　나이 들어 우리가 학습하고 기억하는 능력은 젊었을 때보다 훨씬 떨어지지만, 사물을 이해하고 판단하는 능력은 젊음이 절대 따라올 수 없다. 나이 들어 이젠 할 수가 없다고, 늦었다고 하는 생각은 제 무릎 제가 꿇게 하는 일이다. 내 마음은 젊을 때와 조금도 다를 것이 없다. 나이 들었기에 삶을 대하는 자세는 젊었을 때와는 비교할 수 없이 여유롭고 세상과 사물을 바라보는 눈은 더 깊다. 만약 우리가 세상과 사물의 모든 것을 명확하게 해석할 수 있는 시간이 온다면 그런 시간은 참으로 따분할 것이다. 인생은 단순하기 그지없는 궤적, 그저 답답한 반복의 연속이 되어버린다. 나이를 떠나 남은 생에 무언가를 찾기 위한 노력은 계속되어야 한다. 찾으려는 마음만 있다면 자신의 처지에 맞는 무언가가 눈에 뜨일 것이다. 눈감을 때까지 찾는 것, 그게 인간의 일이다.

　윤회매 만드는 일밖에는 할 수 없었던 그 시절 연암에 비하면, 마음만 먹으면 할 수 있는 일이 지천인 지금 우리는 과연 얼마나 행복한 것일까. 사람들은 그것이 정말 행복하다고 생각하는지는 나도 모른다. 사람은 자신이 행복하다는 사실을 모르기에 불행하다는 말처럼…

● 황윤지에게 사례한 편지

　(…) 네 살짜리 제 아이는 이제 조금 사람을 알아봐 남을 보고 아버지나 엄마라고 하지는 않습니다. 늘 품에 안고 다니며 입으로는 수십 글자를 가르쳐 줬는데 어느 날 이렇게 묻더이다. "저는 아버지가 있는데 아버지는 왜 아버지가 없나요? 아버지의 엄마는 어디 있나요? 아버지도 젖을 먹었나요?
　나는 나도 모르게 애를 무릎 아래로 밀쳐버리고는 한참 엉엉 울었습니다. 이는 모두 아우가 상을 당한 후에 겪은 슬프고 괴로운 심사에 해당하거늘 굳이 다른 사람에게 말할 건 없지요. 지금 형께서 애통한 일을 당해 마음이 울적하고 쓰라리실 텐데, 필시 저 때문에 또 한 번 눈물을 쏟을 듯 하외다.

■
부모와 자식

　철없는 어린아이의 입을 통해 돌아가신 부모님을 떠올리고는 아이를 밀쳐놓고 통곡하는 연암의 모습이 마치 이웃집 사람처럼 바로 눈앞에 보이는 것 같아 나도 따라서 슬프다. 부모 잃은 슬품이야 예나 지금이 다르지 않을 것인데, 지금 세상은 변해도 너무 변했다. 사람의 인정은 갈수록 강퍅해지고 마치 가뭄에 말라 터진 논바닥처럼 메마르고, 황폐해졌다. 그것보다 더 가슴 아픈 것은 요즘 젊은이들의 부모에 대한 학대다. 물질적으로나 정신적 고통은 말할 것도 없다. 가진 게 없어 자식들에게 물려줄 것 없는 부모는 아예 부모 취급조차 받지 못하는 세상이다. 그런 설움도 견딜 수 없는 것인데, 심지어 어떤 자식들은 부모를 굶기고 두들겨 패기까지 한다. 그 패륜은 말로 다 할 수 없다.

요즘 TV를 통해 부모와 자식 간에 벌어지는 일들을 보면 차마 입에 담지 못할 일들이 허다하다. 부모를 길거리로 쫓아내는 것도 모자라 어떤 자식들은 병든 부모를 빨리 죽으라며 사지로 내모는 일도 있다. 차마 짐승도 하지 못할 일을 사람이 사람에게 너무도 서슴없이 하는 것이다. 더구나 자기를 낳은 부모를 개나 고양이를 버리듯 자기에게 더는 이득 되는 일 없고 귀찮다고 생각되면 짐승처럼 내다 버리는 게 인간이다. 어떤 사람들은 이런 나더러 '어떻게 사람 일을 두고 나쁜 쪽으로만 말하는 것이 너무 심하지 않으냐고' 할는지 모르지만, 우리는 하루가 멀다고 이런 일을 보고 있지 않은가. 기억해야 한다. 항상 남의 일이라 생각했던 일이 바로 자기 일이 될 수도 있음이다.

그런 자식들이 있는가 하면 우리를 감동케 하는 자식들도 많다. 부모를 공경해야 한다는 것은 사람이면 누구나 아는 사실이지만, 어떤 자식은 착하고, 어떤 자식은 막돼먹은 인간이 된다. 무엇보다 젊은 사람들이 꼭 기억해야 할 일은 지금 그들 부모의 모습 안에 제 모습이 고스란히 들어 있다는 사실이다. 자식 이기는 부모는 없다고 했듯이 자식은 부모에게만큼은 힘이 세다. 그런 자식들이 명심해야 할 것은 자기도 곧 자신이 이기지 못하는 자식을 낳고 기르게 된다. 사람은 이 세상이라는 밭에 자기가 뿌린 대로 심은 대로 한 톨 남기지 않고 어김없이 거두는 법이다. 내가 이것을 심었으면 이것을 거두고 저것을 심었으면 저것을 거둔다는 것을 요즘 젊은이들이 알고 있다면 지금처럼 세상을 살지 않을 것이다.

이런 말이 있다. '부모는 자식을 가슴으로 키우고 자식이 죽으면 가슴에 묻는다고 했다. 나는 아직도 이 말을 생각하면 부모와 자식의 관계가 어떤 것인지를 돌아보게 된다. 이것은 백 대가 지나도 변할 수 없겠지만 그런 진실이라는 것도 짐승 같은 사람에게는 먼 나라 이야기다. 나는 지구상에 살아있는 동물 가운데 사람만큼 잔인한 동물도 없다는 말을 되뇔 수밖에 없다. 서로를 속이고 죽이며 재물을 빼앗는 일도 사람이 가장 심하다는 것을 우리가 더 잘 안다. 생각 없는 짐승도 동족 간에는 서로를 속이고 죽이지 않는다. 하물며 스스로 생각할 줄 알고, 만물의 영장이라 자처하는 인간은 제발 그러지 않아야 한다. 혹시라도 나는 내 부모에게 짐승만도 못한 일을 하지는 않았는지 한 번쯤은 엄정한 눈으로 자신을 돌아볼 일이다.

● 필세 이야기(筆洗說)

　골동 그릇을 팔려고 내놨지만 3년이 되도록 팔지 못하는 자가 있었다. 재질은 투박하니 돌이었다. 술잔인가 하면 겉은 비뚤하고 안으로 말렸으며 기름때가 그 빛을 가리고 있었다. 온 나라 사람 가운데 아무도 돌아보는 이가 없었으며 부귀가(富貴家)를 전전하면서 값은 더욱 떨어져 고작 수백 푼밖에 안 되게 되었다. 그러든 어느 날 누가 그걸 서군(徐君) 여오(汝五)에게 갖다 보여 주었다. 여오는 이렇게 말했다.

　"이건 붓 빠는 그릇이야. 이 돌은 중국 복주(福州) 수산(壽山)의 오화석갱(五花石坑)에서 나는 것으로 옥과 버금가며 옥돌과 마찬가지지"그러더니 값의 고하도 묻지 않고 그 자리에서 팔천 푼을 내주었다. 그리고 나서 때를 닦아 내니 예전의 투박해 보이던 것이 둥근 꽃무늬에다 쑥 잎과 같은 청색을 띠었으며 비뚤고 말린 모양은 흡사 가을 연(蓮)이 시들면서 잎사귀가 말린 것과 같았다. 이리하여 마침내 국중(國中)의 명기(名器)가 되었다.

　(…) 대저 골동서화에는 수장가(收藏家)와 감상가(感想家)의 두 부류가 있는데, 감상할 줄 모르면서 무턱대고 수장만 하는 이는 부유하긴 하나 자기의 귀만을 믿는 자이고, 감상능력은 뛰어나나 수장할 처지가 못 되는 이는 가난하긴 해도 자신의 눈을 저버리지 않는 자이다.

■

 이 글은 붓 빠는 그릇에 가탁(假託)하여 자신의 글을 알아주는 이가 없음을 스스로 슬퍼하는 글이다. 이런 마음이야 글 쓰는 사람이면 누구나 가지는 마음이다. 문장가는 자기 자신을 위해서 쓴다고 생각하지 않는다. 어쩌면 글쓰기는 사랑의 행위가 되어야 한다. 누군가 다른 사람에게 무언가를 주고 소통하기 위해 써야 한다. 다른 사람들과 서로의 감정을 나누기 위해서다. 글이 남에게 읽히고 얼마나 오래 살아남는가는 문장가들에게 근본적 문제다. 글 쓰는 사람만이 아니라 사람은 누구든 자기를 알아주는 사람 앞에서 존재하는 법이다. 누군가가 나를 바라보고 있다는 생각이 들 때 없던 힘이 생기고 스스로 자긍심을 찾을 수 있다. 내가 이럴 때마다 잘 써먹는 말이 있다. 다산 정약용 선생의 "군자저서전유구일인지지(君子著書傳唯求一人之知) 군자가 책을 써서 전하는 것은 그 책을 알아주는 한 사람을 구하기 위해서다〉"라는 말이다.

 또 한 가지 글 쓰는 사람이면 꼭 기억해야 하는 일이다. 다른 사람의 쓴 작품을 읽을 때 가장 큰 장애물은 자신의 습관과 편견을 버리려고 하지 않는 것이다. 바꾸어 말해 자기 방식으로 해석하고, 자기 방식으로 받아들이는 일이다. 친숙하게 알고 있는 주제를 뜻밖의 방법으로 표현한 글을 읽었을 때 그것이 정확하게 해석되지 않는다는 이유만으로 매도하는 것만큼은 삼가야 한다. 남과 다르게 표현하려는 충동은 문장가가 갖추어야 할 최고의 덕목이자 가장 큰 자산이다. 다른 사람도 나와 다르게 말할 수 있는 자유, 그것을 인정하는 것도 마찬가지다.

 생택쥐페리의 어린왕자에서 소년과 별이 나누는 대화 중에 "어떤 것이 아름다운 것은 그것을 아름답게 생각하는 상대가 있기 때문이라는 것을 어떤 것이 소중한 것은 그것을 소중하게 생각하는 상대가 있기 때문이라는 것을."이라며 자기 스스로 독백하는 곳이 있다. 그 역시도 진정한 삶의 의미를 개인의 존재가 아니라 사람과 사람의 정신적 유대에서 찾으려 했다. 그러기 위해서는 무엇보다 일정한 거리가 필요한 법이다. 친구 사이라 하더라도 무작정 가까워져서는 좋은 친구가 될 수 없다. 진정으로 가까워지려면 반드시 얼마만큼의 거리를 두어야 한다. 그래야만 제대로 보인다. 눈의 시력처럼 마음의 심력도 마찬가지다. 사랑하는 것일수록 떨어져서 보아야 한다. 사람과의 관계는 더 그렇다.

● 열녀 함양 박씨전(烈女咸陽朴氏傳)

바람이란 소리는 있으되 형체가 없다. 눈으로 보자 해도 보이는 것이 없고, 손을 잡아 봐도 잡히는 것이 없으며, 허공에 일어나서 능히 만물을 들뜨게 하는 것이다. 어찌하여 무형(無形)의 일을 가지고 들뜬 가운데서 사람을 논하려 하느냐? 더구나 너희는 과부의 자식이다. 과부의 자식이 오히려 과부의 자식을 논할 수 있단 말이냐? 앉거라. 내가 너희에게 보여줄 게 있다. 하고는 품고 있던 엽전 한 닢을 꺼내며 말하였다.

"이것에 테두리가 있느냐?"
"없습니다."
"이것에 글자가 있느냐?"
"없습니다."
어머니는 눈물을 드리우며 말하였다.
"이것은 너희 어미가 죽음을 참아낸 부적이다. 10년을 손으로 만졌더니 다 닳아 없어진 것이다. 무릇 사람의 혈기는 음양에 뿌리를 두고, 정욕은 혈기에 모이며, 그리운 생각은 고독한데서 생겨나고, 슬픔은 그리운 데서 기인하는 것이다. 고부란 고독한 처지에 놓여 슬픔이 지극한 사람이다. 혈기가 때로 왕성해지면 어찌 혹 과부라 해서 감정이 없을 수 있겠느냐?

가물거리는 등잔불에 제 그림자 위로하며 홀로 지내는 밤은

지새기도 어렵더라. 만약에 또 처마 끝에서 빗물이 똑똑 떨어지거나 창에 비친 달빛이 하얗게 흘러들며, 낙엽 하나가 뜰에 지고 외기러기 하늘을 울고 가며, 멀리서 닭 울음소리도 들리지 않고 어린 종년은 세상모르고 코를 골면 이런저런 근심으로 잠 못 이루니 이 고충을 누구에게 호소하랴.

그럴 때면 이 엽전을 꺼내 굴려서 온 방을 더듬고 다니는데 둥근 것이라 잘 달아나다가도 턱진 데를 만나면 주저앉는다. 그러면 내가 찾아서 또 굴리곤 한다. 밤마다 늘 상 대여섯 번을 굴리면 먼동이 트더구나. 10년 사이에 그 횟수가 점차 줄어서 10년이 지난 이후에는 때로는 닷새 만에 한번 굴리고 때로는 열흘 만에 한번 굴렸는데 혈기가 쇠해진 뒤로는 더 이상 엽전을 굴리지 않게 되었다. 그런데도 내가 이것을 열 겹이나 싸서 20여 년 동안이나 간직해온 것은 엽전의 공로를 잊지 않으며 때로는 스스로 경계하기 위해서였다." 말을 마치고 모자는 서로를 붙들고 울었다.

*

옛날에 원헌(原憲: 공자의 제자)은 "가난한 것이지 병든 것이 아니다"라고 말했는데, 최근 세상의 가난한 선비 집안의 부인네들에게는 가난이 바로 병이요, 병이 바로 가난이다. 가난이라는 병이 단단히 엉겨 붙어 벗어 내고 떼어 버릴 길이 없어, 집집마다 똑같은 증세요, 사람마다 매한가지 빌미이다. 왕왕 진찰하여 그 원인을 찾아내도, 가려서 취해 쓸 만한 묘한 약방문이 없으며, 이와 같은 묘한 약방문이 있어 가려 취해 쓴다 한들 또한 국의(國醫: 나라 안에서 가장 뛰어난 의사)가 없어 처방을 낼 수 없다.

엽전 꿰미가 관복에 수놓은 이무기가 서린 것 같고 상자를 열면 베와 비단이요, 쌀과 곡식이 창고에 가득 들어오면, 손으로 한번 어루만지기만 해도 고통이 씻은 듯 가셔버리고, 눈을 들어 한번 보기만 해도 심장이 튼튼해지고 구미가 돌아와서, 죽다가도 되살아나니 이것이 바로 최상의 약이다. 사슴 머리를 잘라낸 녹용과 갓난애만 한 신비한 인삼으로도 이런 부인네를 낫게 하기란 마치 물에 돌을 던지는 것과 같다. 이것은 약왕보살(藥王菩薩)의 구고진경(救苦眞經)에서 나온 약방문이다.

■

  위에 옮긴 글은 열녀 함양 박씨전은 벼슬아치 형제가 어느 과부의 자식을 두고 이런저런 이야기하는 것을 보고 어머니가 자식을 불러 앉히고 하는 말이다. 두 번째 글은 연암의 큰누님 묘지명 뒤에 있는 부인네들의 가난에 대해서다. 지금은 이 같은 이야기가 조선 시대 여자들의 케케묵은 이야기쯤으로 들릴지도 모른다. 열녀에 관한 이야기는 그렇다 쳐도 가난에 대한 이야기는 그때나 지금이 조금도 달라지지 않았다. 오히려 그 시절 사람들 인심은 요즘 사람처럼 각박하거나 무섭지는 않았다. 이런 말도 있다. 지금은 제 것 없으면 죽는 세상이라고. 가진 게 없으면 제 아무리 똑똑하고 잘났어도 누구 하나 거들떠보는 사람 없다. 그러니 무엇이든 자기 것으로 만들기 위해 온갖 고생을 마다하며 아등바등 살아가는 것은 결국 자기 존재를 찾기 위한 일이다.

  어떤 명예나 학식, 권력을 가졌어도 자신이 가난하면 그런 것들이 맥을 못 춘다. 다시 말해 그것을 지킬 수 있는 최소한의 기본조건을 갖추지 못하면 빛을 잃는다. 그 기본 조건이 바로 돈이다. 대부분 사람은 다른 것에는 아무리 강한척해도 돈 앞에서는 무릎을 꿇는다. 사마천의 사기에도 "나보다 열 배 부자는 헐뜯고, 백 배 부자는 두려워하며, 만 배 부자에게는 노예가 된다."라고 했다. 오죽하면 돈으로는 귀신에게도 맷돌을 돌리게 할 수 있다고 했을까. 돈의 힘은 예나 지금이나 그만큼 무섭고, 어찌 보면 위대한 것이라 해도 틀린 말 아니다.

철학자이자 유대교 랍비인 조너선 섹스는 "빈곤보다 견디기 어려운 것은 없다. 빈곤 때문에 고통받는 사람들은 세상의 모든 어려움과 《신명기》의 모든 저주를 한 몸에 짊어지고 있는 사람이나 마찬가지다. 만약 다른 모든 고통을 한쪽에 두고 빈곤을 다른 쪽에 두어도 빈곤이 다른 모든 고통보다 무거울 것이다."라고 했다. 요즘 세상도 그렇다. 돈이 없으면 살아도 또 살아도 외로워지는 인생이다.

가난의 절대 기준이란 없다. 왜냐하면, 자기가 가난하다고 생각하면 가난한 것이고 자기가 가난하지 않다고 생각하면 누가 뭐래도 가난하지 않기 때문이다. 우리가 믿는 종교라는 것도 마찬가지다. 내가 신이 있다고 믿으면 신이 있는 것이고, 반대로 없다고 생각하면 신은 없다. 가난에도 자기가 자초한 가난이 있고 천재지변처럼 어쩌지 못하는 가난이 있다. 어떤 가난이든 자기 스스로 그것을 받아들일 수만 있다면, 신세 한탄하느라 짧은 인생을 낭비할 필요가 없다. 가난은 때로 고통스럽기도 하지만 대신에 그런 가난 앞에서도 명확해지는 것이 있다. 무엇인가 하면 삶이 단순해지고 삶에 군더더기가 없어진다. 당장 배고픈 사람은 자신에게 꼭 필요한 것만 찾지 불필요한 욕심을 부리지 않는다.

세상을 혼란 속에서 헤매지 않으려면 우리 스스로 자신이 처한 위치가 어디쯤인가를 아는 것이 무엇보다 중요하다. 그것은 지금 내가 있는 곳이 이쯤이라 생각하고 거기에 맞춰 살아야 한다는 삶에 관한 무게중심이다. 사람은 항상 자기보다 나은 사람이 있기 마련이다. 위로 쳐다보면 위에 있는 사람들은 항상 나보다 부유하지만, 아래로 내려다보면 나보다 못한 사람이 수두룩하다. 그것을 위안으로 삼고 자신이 그 중간쯤이라 생각하는 그 접점(接點)의 지점에서 자신을 바라볼 줄 알아야 한다. 그러면 자기가 머물 자리를 찾기 쉽다.

● 양반전(兩班傳)

 (…) 마을에 사는 부자가 식구들과 상의하기를, "우리는 아무리 잘 살아도 늘 낮고 천하여 감히 말도 타지 못한다. 또한 양반을 보면 움츠러들어 숨도 제대로 못 쉬고 뜰 아래 엎드려 절해야 하며, 코를 땅에 박고 무릎으로 기어가야 하니 우리는 이와 같이 욕을 보는 신세다. 지금 저 양반이 환곡 갚을 길이 없어 이만저만 군욕(窘辱)을 보고 있지 않으니 진실로 양반의 신분을 보존 못할 형편이다. 그러니 우리가 그 양반을 사서 가져보자."

 대체 양반이란, 이름 붙임 갖가지라. 글 일은 이 선비 되고, 벼슬아친 대부 되고, 덕 있으면 군자란다. 무관 줄은 서쪽이요, 문관 줄은 동쪽이라. 이것이 바로 네 마음대로 따를지니. 비루한 일 끊어버리고, 옛사람을 흠모하고 뜻을 고상하게 가지며 오경이면 늘 일어나 유황에 불붙여 기름등잔 켜고서, 눈은 코끝을 내려 보며 팔꿈치는 괴고 앉아, 얼음 위에 박 밀 듯이 동래박의(東萊博議: 과거시험에 논술을 짓는데 도움이 되는 책)를 줄줄 외어야 한다.

 주림 참고 추위 견디고 가난타령 아예 말며, 이빨을 마주치고 머리 뒤를 손가락으로 퉁기며 침을 입 안에 머금고 가볍게 양치질하듯 한 뒤 삼키며, 옷소매로 휘양을 닦아 먼지 털고 털 무늬를 일으키며, 세수할 땐 주먹 쥐고 벼르듯이 하지 말고, 냄새 없이 이 잘 닦고, 긴소리로 종을 부르며, 느린 걸음으로 신발을 끌 듯이 걸어야 한다. 고문진보(古文眞寶) 당시품휘(唐詩品彙: 당시집)를 깨알같이 베껴 쓰되 한 줄에 백 글자씩 쓴다.

손에 돈을 쥐지 말고 쌀값도 묻지 말고, 날 더워도 버선 안 벗고, 맨상투로 밥상 받지 말고, 밥보다 먼저 국 먹지 말고, 소리 내어 마시지 말고, 젓가락으로 방아 찧지 말고, 생파를 먹지 말고, 술 마시고 수염 빨지 말고, 담배 필 젠 볼이 옴폭 패도록 빨지 말고, 분나도 아내 치지 말고, 성 나도 그릇 차지 말고, 애들에게 주먹질 말고 돼지라고 종을 나무라지 말고, 마소를 꾸짖을 때 판 주인까지 싸잡아 욕하지 말고, 병에 무당 부르지 말고, 제사에 중 불러 재(齋) 올리지 말고, 화로에 불 쬐지 말고, 말할 때 침 튀기지 말고, 소 잡지 말고 도박하지 말라.

■
나는 이 글을 읽으며 왠지 모르게 글 쓰는 내내 연암의 얼굴에는 은근한 미소가 떠올랐을 거라는 생각이 들었다. 어느 양반이 환곡을 갚지 못해 부자에게 양반이라는 신분을 팔고는 평민이 되었다고 한다. 그것을 안 군수가 많은 백성을 불러 모은 다음 그들을 증인으로 세우고 그것이 무효임을 이야기하고는 부자에게, 양반의 값을 매기며, 양반이 지켜야 할 것을 문서로 작성하는 장면이다. 결국 이야기를 다 들은 부자는 문서 낭독을 중지시키고 "그만두시오. 참으로 맹랑한 일이오. 장차 나더러 도적놈이 되란 말입니까" 하고는 머리를 흔들며 종신토록 다시는 양반 일을 입에 대지 않겠다고 하며 나가버렸다고 한다.

나는 한술 더 떠서 퇴계 이황이 공부하는 선비를 가르치기 위해 쓴 글을 이야기하며 양반인 선비가 해야 할 일은 이제부터라고 말하고 싶었다. 아마 부자가 이것까지 알았다면 기겁을 하고 달아났을 것이다. 바로 아래에 있는 퇴계(退溪) 이황(李滉)의 성학십도(聖學十圖) 중에서 제 10도의 숙흥야매잠도(夙興夜寐箴圖)라는 글이다.

"닭이 울 때 깨어나면 생각이 차츰 달리기 시작하니, 어찌 그 사이에 마음을 고요히 하여 생각을 정돈하지 않을 수 있겠는가. 혹 지나간 허물을 살피고 혹 새로 얻은 것의 실마리를 찾으면 순서와 조리를 묵묵한 가운데 또렷하게 알게 될 것이다. 근본(마음)이 이미 확립되거든 이른 새벽에 일어나 세수하고 머리 빗고 의관을 차리고 단정히 앉아 몸을 단속하여라. 이 마음을 수습하면 떠오르는 태양처럼 환하고 마음이 텅 비고 맑고 고요하여 전일하게 될 것이다.

이에 책을 펴고 마주 대하면 공자께서 자리에 계시고 안자(顔子) 증자(曾子)가 앞뒤로 서 있게 된다. 성인이신 선생의 말씀을 친절히 경청하고 제자들의 묻고 따지는 말을 반복해서 참고하여 바로 잡아라. 일이 생겨 그것에 응하면 행위에서 징험할 수 있으니, 밝게 빛나는 하늘의 명을 마음의 눈으로 항상 잘 살펴야 한다. 일에 응접(應接)함이 끝나면 나는 조금 전 그대로 되니 마음을 고요하게 하여 정신을 모으고 생각을 쉬게 하라.

움직임과 고요함이 순환할 때 오직 마음으로 이를 살펴, 고요할 때 보존하고 움직일 때 살피어 두 갈래 세 갈래로 나누어지게 하지 말라. 독서를 하다가 쉬는 여가에 틈내어 노닐며, 정신을 편안하게 하고 성정(性情)을 휴양하게 해야 한다. 해가 저물어 고달프게 되면 흐린 기운이 이기기 쉬우니 재계하고 장중하게 가다듬어 정명(精明)한 정신을 북돋아야 한다. 밤이 깊어 잠잘 때에는 손발을 가지런히 거두어, 생각을 일으키지 말고 시신을 잠들게 한다. 밤기운으로 기를지어다 정(貞) 다음에는 원(元)으로 돌아가나니 언제나 이렇게 하기를 생각하여 밤낮으로 부지런히 노력해야 한다."

*

사람에게는 본시 귀천이 없다고 하지만 사람은 누구나 세상 밖으로 나오며 자기가 가야 할 길이 있고 각자 타고난 그릇이 있다. 인도의 카스트제도처럼 절대 변할 수 없는 건 아니지만 한국에서도 조선 시대에는 어머니 뱃속에서부터 신분이 정해져 있었다. 어떤 이는 양반집에서 양반으로 살고, 어떤 이는 상놈 집에서 태어나 상놈으로 살고, 또 어떤 이는 백정 집에서 태어나 백정으로 살다 가는 것이다. 우리만 그런 것이 아니라 문화와 풍습이 달라서 그렇지 세상 많은 사람이 다 그렇다. 저마다 타고난 신분대로 살 수밖에는 없는데 한번 정해진 것에서 벗어날 방도가 없었다. 평민으로 양반에게 갖은 서러움을 겪으며 살던 부자가 오죽하면 양반 신분을 돈으로 살수만 있다면, 어떻게 해서든 사려고 하지 않았을까.

사람은 태어날 때 신분을 선택해서 태어날 수 없듯이 태어나고부터는 자기 의지대로 살지 못한다. 이야기가 비껴가는 것인지도 모르겠지만 신분제도가 없어진 지금도 그렇다. 오히려 더 교묘하고 잔인해졌다. 곰곰이 생각해보면 이렇게도 비유할 수 있다. 서울 강남 부자촌에서 태어나는 아기도 있지만, 저 먼 나라 아프리카에서 태어나 못 먹어 굶어 죽는 아기도 있다. 두 아기는 인간으로서 하나도 다를 것이 없는 똑같은 생명이다. 그런

데도 세상 밖으로 나오자마자 티끌과 태산으로 나뉘는 생명의 무게를 말로써 어떻게 설명해야 할까. 나는 이런 두 가지 상황을 두고 어떤 말로도 설명하지 못하겠고, 그에 관한 생각은 각자의 몫으로 돌리고 싶다.

● 연암집(燕巖集)(신호열, 김명호 옮김)

　연암 박지원의 문집에 단성현감(丹城縣監) 이후(李侯)에게 보내는 글이다. (…) "공자는 말씀하시기를 정령(政令)으로써 이끌고 형법으로써 단속하면 백성은 죄를 면하기는 하나 염치가 없어지고, 도덕으로써 이끌고 예의로써 단속하면 염치도 가지려니와 바르게 된다고 하였습니다. 그러므로 법률로 백성을 이기기보다 차라리 예의로 굴복시키는 것이 낫다 하겠으니 왜 그렇겠습니까. 법률로 강요하자면 형벌과 위엄이 뒤를 따르게 되고 예의를 사용하게 되면 수오지심(羞惡之心)이 앞을 서게 됩니다.

　(…) 그러므로 무섭게 하는 것은 부끄럽게 하는 것만 못하고 억눌러 이기는 것은 순순히 굴복하게 하는 것만 못하니 이른바 죄는 면하되 염치가 없어진다는 것은 이김을 두고 이름이요 염치도 가지려니와 바르게 된다는 것은 굴복시킴을 두고 이름입니다.

■
　연암이 단성현감에게 보내는 글을 옮겨놓고 내 생각을 길게 말하는 이유는 요즘 사람들이 하는 일 구석구석에 이 말이 어쩌면 이렇게 들어맞을까 하는 이유에서다. 우리가 눈만 뜨면 맞닥뜨리는 사람과의 일상 가운데 이 말은 어디에, 어떻게, 대입시

켜도 핵심을 비껴가지 않는다. 일의 크고 작음을 떠나 모두 이런 테두리 안에서 세상 순리를 알아가야 하고 거기에서 벗어나지 않아야 한다. 요즘은 이를 모르거나 아니면 알면서도 모르는 척 외면하는 사람이 널브러진 세상이다. 사람이 부끄러움을 안다는 것은 그만큼 인격적으로 성숙했다는 말이다. 계절의 순환처럼 가을이 오면 생명 있는 세상 만물이 익어가듯 우리 인생도 계절로 치면 봄과 여름이 지나고 가을의 문턱을 넘어설 즈음부터는 익어가야 한다. 인생의 가을 한가운데 있는 나는 연암의 책을 읽으며 백성들의 마음과 그들의 속성을 끄집어내어 공자의 말을 덧붙여 우리를 가르치고 있는 연암의 목소리에 깊은 생각에 빠져들었다

그렇다. 굳이 백성과 위정자(爲政者)의 관계가 아니더라도 무섭게 하는 것은 부끄럽게 하는 것만 못하다. 그것은 자기 스스로 사람다운 삶을 살기 위해 노력해보면 안다. 사람은 무서운 것이야 얼마든지 이겨낼 수 있지만 자기 스스로 부끄러울 때는 견디기 어렵다. 아무리 무서워도 그 무서움 때문에 목숨을 버리는 일은 없다. 스스로 느끼는 부끄러움이 도를 넘을 때 사람은 자기 목숨을 버린다. 우리가 잘 아는 일본의 무사들도 자기가 책임져야 할 일이 있거나 어떤 일에 자기 몫을 다하지 못한 경우 부끄러움 때문에 할복하지 않는가. 부끄러운 일을 하고도 부끄러움을 느끼지 못하는 것만큼 부끄러운 일은 없다고 했다. 우리가 이것 하나만 비교해 봐도 연암의 말에 얼마나 엄정한 자기성찰의 교훈이 들어있는가를 알 수 있다. 세상을 살다 보면 참 많은 사람을 만나야 하는데 어떤 경우에는 예의와 염치가 전혀 뜻밖인 사람과 맞닥뜨리는 일도 있다.

우리가 꼭 알아야 할 것은 사회의 본질은 부끄러움이라는 사

실이다. 부끄러움은 인간관계의 지속성에서 나온다. 건널목에서 신호를 기다리는 사람이거나 축구 경기장에서 만나는 사람처럼, 그냥 스치거나 잠깐 보는 경우는 그 순간만 지나면 그뿐이다. 일회적인 인간관계에서는 그 당시는 중요할지 몰라도 다음을 생각할 필요가 없다. 전혀 그렇지 않은 경우가 있는데, 우리가 늘 만나거나 가까이하는 사람들이다. 만약 그들에게 자신이 부끄러운 일을 하고도 부끄러움을 느끼지 못한다면 그 순간 서로의 인간관계는 무너지고 만다. 이런 문제는 개인으로만 그치는 것이 아니라 부끄러움을 느끼지 않는 집단이나 사회는 엄밀히 말해 사회성이 붕괴된 사회라고 할 수 있다.

앞서 말한 대로 요즘도 부끄러움을 모르는 사람이 판을 치는 세상이라고 했다. 명색이 사회 지도층이라고 자처하는 사람마저도 자기가 지은 죄를 빤히 알면서 남들 앞에서는 양심을 속인다. "내가 돈 받은 것이 있다면 동대구역 앞에서 할복자살하겠다." 라고 하며 큰소리치는 사람(어느 정치인)을 보았다. 돌아서면 탄로가 날 일을 그 순간 모면을 위해 자신의 결백을 주장하는 것이다. 포승줄에 묶여 교도소로 끌려가면서도 부끄러운 줄을 모른다. 이야기하자면 이런 사람뿐이겠느냐 마는 사실은 부끄러움을 모르는 사람이 너무 많아 누구에게 무슨 말부터 해야 할지 나로선 갈피를 잡을 수 없다.

또 한 가지는 남을 속이는 일이야 그렇다 쳐도 정말 해서는 안 되는 것이 자기 양심을 속이는 일이다. 남은 속일 수가 있어도 자기 양심은 속일 수 없는 법이다. 자금 세상에는 자기 양심까지 속이려 드는 사람이 너무 많다. 당장은 모르겠지만 시간이 흐를수록 평생 부끄러움으로 남아 자신을 괴롭힐 것이다. 큰일은 제쳐두고 작게는 우리가 그 앞에서 많은 시간을 보내는 컴퓨터만

하더라도 그 안에서 무엇인가를 조작하는 일이다. 예컨대 가짜 뉴스를 만들어 낸다든가 어떤 글에 조회 수를 조작하는 일 같은 것, 없던 일을 있는 것처럼 꾸미는 것, 책상 앞에서 이 같은 일들을 참 많이도 겪으며 산다. 우리가 알고 있는 공작원 댓글 조작 사건 같은 것. 쉽게 말해 여론을 조작하는 일이다. 그 자체로는 별 의미가 없는 사소한 행동이지만 누적되면 커다란 영향을 미치는 행동에 대해서도 생각해봐야 한다. 우리가 알지 않은가. 요즘 세상을 떠들썩하게 만들고 사회의 근간(根幹)을 흔드는 위정자(爲政者)들의 댓글 조작이 이 사회를 얼마나 혼란하게 만드는지를.

부끄러움을 모르는 사람들

　자신에게 부끄러운 줄 모르고 남에게도 부끄러운 줄 모르는 사람은 세상 사람을 해친다. 스스로 부끄러운 줄 알고 남에게도 부끄러운 줄 아는 사람은 세상을 지킨다. 동쪽으로 기운 나무는 반드시 동쪽으로 쓰러지는 것이 자연의 이치다. 인생이라는 밭에 자신이 뿌린 대로 심은 대로 에누리 없이 거두는 것은 사람의 이치다. 남과 나에게 잘못된 일을 했으면, 언젠가는 그 잘못이 더 크게 자라 어김없이 자기가 거두어야 한다는 것을 명심해야 한다. 그것을 모른다면 자기를 비속하게 할 뿐만 아니라 함께하는 사람까지 비속하게 만든다. 사람의 어떤 무능도 부끄러움의 능력을 잃은 만큼 부끄러운 일은 없다고 했다. 부끄러운 일을 하고도 그것을 모르거나 가볍게 여긴다면 결국 스스로 자기를 더럽힐 수밖에 없는 것은 사필귀정이다.

　사물과 사람에게는 움직이는 것은 계속 움직이려 하고 멈춘 것은 계속 멈추려 하는 관성의 법칙이 있다. 동쪽으로 기운 나무가 동쪽으로 쓰러지지, 서쪽으로 쓰러지는 일은 없다. 악행을 일삼는 사람은 계속 악행 하기 쉽고 선행하는 사람은 계속 선행을 하게 되는 것도 마찬가지다. 그것이 관성의 법칙일 것이고 사람도 자연의 한 부분이니 이 같은 법칙이 어김없이 적용되는 게 분명하다. 우리는 너나 할 것 없이 잘못된 행동 하나가 또 다른 잘못을 부른다는 것을 깨닫지 못한다. 관성의 법칙처럼 탄력이 붙어 같은 잘못이 계속될 수 있는 줄도 모르고 자기는 그와 상관없는 일로만 여긴다. 나중에 가속이 붙어 더 큰 부끄러움이 되어 되돌아온다는 사실을 안다면 세상을 지금처럼 살지 않을 것이다. 요즘은 부끄러움이 쓸모없는 감정으로 치부되어 차츰 소실되어가고 있다. 부끄러움도 지나치면 자기 행동이 위축될 수도 있지만, 실제로 사회에 해를 끼치는 것은 부끄러움의 결핍에서 오는 파렴치한 행동이다.

언젠가 어떤 조직의 책임을 진 사람이 자기가 한 일이 잘못되어 사람들이 질책하는 것을 두고 오히려 자기와 가까웠던 사람을 원망하는 것을 보았다. 자기가 저지른 것이니 잘못되면 책임져야 함에도 원인을 다른 사람에게 돌리는 것이다. 잘못하고도 도무지 부끄러운 줄 모르는 사람이었다. 잠시 그 순간은 모면할지 몰라도 나중에 더 큰 잘못으로 자기를 향해 되돌아오게 되어 있다. 아니나 다를까. 얼마 후 그는 그 일로 수습할 수 없이 망가지고 말았다. 그때 부끄러운 줄 알고 자기 잘못으로 받아들였다면 전혀 다른 상황이 되었을지도 모를 일을 끝까지 다른 사람에게 떠넘기다 결국 일을 그르치고 말았다. 말 그대로 자업자득인 셈이다. 부끄러움의 감정은 자신을 지킬 뿐만 아니라 자기 스스로 돕는 건전한 감정으로 가까이해야 한다. 얼마 전 어느 정치인(노회찬 의원)의 죽음에 많은 사람이 안타까워하고 슬픔에 젖었다. 나는 그의 죽음에 어떤 말을 덧붙인다고 해도 사족이 될 것이다. 그래도 꼭 해야 한다면 염치와 부끄러움을 제대로 안 그는 죽을 수 있었기에 아름답다.

자기 잘못과 부끄러움을 인정하는 행동에는 스스로 잘못을 인지하고 있고 이를 숨기지 않겠다는 강한 신념이다. 그런 사람의 마음에는 거리낄 것도 숨길 것도 없다는, 어쩌면 자기 잘못을 알고도 당당한 마음인지도 모른다. 지난날의 잘못은 부끄러움도 치욕도 아니다. 오히려 귀중한 경험이며 그것을 인정하는 것은 자신을 받아들이는 용기 있는 마음이다. 이미 자기의 부끄러움을 알고 잘못을 인정한 사람에게 상대가 무슨 공격을 할 수 있겠는가. 사람이 가장 어려운 상대는 자기 자신이고 가장 쉬운 상대도 자신이다. 모두가 다 마음에서 나온다는 것을 알면 세상을 제대로 살은 사람이다. 다른 사람의 도움은 자신을 나약하게 만들지만, 자기 스스로 도움은 세상에서 가장 강력한 힘이다.

● 연암의 북학의서(北學議書) 서문 앞부분

 듣고 배우는 데는 길은 다른 방법이 없다. 모르는 것이 있으면 길가는 사람이라도 붙들고 물어야 한다. 심지어 하인이 나보다 한 자라도 더 알면 하인에게도 우선 배워야 한다. 자기가 남만 같지 못하다고 부끄러이 여겨 자기보다 나은 사람에게 묻지 않는다면, 종신토록 고루하고 어쩔 방법이 없는 지경에 스스로 갇혀 지내게 된다.

 순(舜)임금은 농사짓고, 그릇 굽고, 물고기 낚는 일에서부터 황제의 직무에 이르기까지 남에게 배우지 않은 것이 없었다. 공자는 "나는 젊을 적에 미천하여 여러 가지 험한 일에 능하였다."라고 하였으니, 역시 농사짓고, 그릇 굽고, 고기 낚는 류(類)의 일을 했던 것이다. 비록 순임금과 공자처럼 성스럽고 재예(才藝)가 뛰어난 분들이라 할지라도 사물과 접촉해 기술을 창안해내고, 일에 임해 도구를 제작할라치면 시간도 부족하고 생각이 궁한 때도 있을 터이다. 그러니까 순임금과 공자가 성인이 된 것은 바로 남한테 잘 묻고 잘 배운 때문이라고 할 수 있다.

■
 이것에 반해 남에게 배우기 싫어하고 자기보다 못한 사람에게는 오만함으로 덧칠하고, 남의 말을 지독히도 들어주지 못하는 사람도 있다. 나와 생각이 달라도 들어주는 마음, 나와 가치관이 다르고 비록 생각이 비좁고 졸렬하다고 해도 그것을 인정하고 존중할 줄 아는 사람이라면 정말 품성이 너그러운 사람이다. 요즘 세상에서 그런 사람을 찾기란 모래 속에서 바늘 찾기다. 혹시나 싶어 내 주변을 둘러봐도 눈을 씻고 찾아도 보이지 않는다. 나부터가 그렇지 못하니 남 말할 것도 못 되지만, 그래도 찾으면 어딘가에는 있을지도 모른다는 생각에 그 마음을 아주 접지는 않았다. 관용과 배려, 너그러움이란 인간의 품성은 언제나 귀중한 덕목으로 남겠지만, 시기심과 질투심으로 흥분해서 제정신이 아닌 사람들에게는 씨알도 먹히지 않는다.

    나보다 나은 사람에게서 배우기는 쉽다. 실력이 엇비슷한 경우에도 그리 어려운 일이 아니다. 어려운 것은 나보다 못한 사람에게서 배우는 일이다. 나는 글을 읽으며, 남보다 조금만 더 아는 게 있다 싶으면 상대 앞에서 어깨 힘주며 으스대고, 자기가 제일인 줄 아는 요즘 사람들의 오만과 건방짐이 떠올라 그냥 웃고 말지만, 사람이 하는 일에는 쉬운 것일수록 어렵다는 말을 생각게 한다. 하고 보면 자기보다 못한 사람에게 묻는 일은 겸손한 마음이 아니고서야 그러지 못할 것이다. 학문이든 뭐든 모든 것을 있게 하는 힘의 원천이 겸손이다. 물처럼 낮은 대로만 흐르는 것은 성인(聖人)에 가까운 마음이어야겠지만, 우리가 아무리 노력한다고 해도 그런 마음 같을 수야 없다. 그래도 성인의 마음 가까이서 흉내라도 내려면 그 마음 바탕의 첫째가 겸손이다.

쉬운 일이 어렵다

　성인은 쉬운 일은 어렵게 하고 어려운 일을 쉽게 할 수 있음으로 세상에 못 할 일이 없다고 한다. 세상일에 어려운 일은 반드시 쉬운 것에서 생기고 큰일은 반드시 작은 것에서 일어난다고 했다. 쉬운 일을 어렵게 한다는 것은 쉬운 일일수록 신중한 마음으로 임하라는 뜻이다. 손자병법에도 경적필패(輕敵必敗), 적을 가볍게 보면 반드시 패한다는 말이 있듯이 사람 관계도 그렇다. 상대를 가볍게 보면 반드시 자기 스스로 패하고 신뢰마저 잃는다. 성인의 가르침은 매사 겸손한 마음가짐으로 최선을 다해야겠지만 진정으로 남을 이기려면 먼저 나 자신을 알아야 한다는 말이다. 아래에 글은 내가 사회활동을 하며 보고 겪은 일을 이야기하는 것인데 나와 가까웠던 교수님과 정치인, 이 두 사람의 모습을 보며 깨달은 것이 많았다.

　내가 존경하는 교수님 중 한 분은 제자가 인사하거나 말을 걸면 항상 고개 숙여 답하고 말을 하대하거나 가볍게 하는 법이 없다. 자신에게는 손자뻘 되는 어린 사람에게도 먼저 고개 숙이며 인사한다. 그런 행동이 몸에 배어있어 의도적이지 않고 너무 자연스러워 상대도 부담스러워하지 않는다. 만약 의도적이라면 자기도 모르게 어딘가 어색한 모습이 행동에서 그런 의식이 묻어나는 것인데 전혀 그렇지 않다. 그런 까닭에 사람들이 하나같이 진심으로 좋아하고 존경한다. 교수는 성인의 마음가짐처럼 다른 사람이 어려워하는 일을 너무 쉽게 한다. 평상시 표정도 미소를 머금고 늘 밝은 모습이다.

 그와는 반대로 잘 아는 또 다른 사람은 이와는 영 딴판이다. 행사장이나 어떤 모임에서 만나 고개 숙여 인사하면 얼굴 쳐다보고는 별일 없는 사람이다 싶으면 그냥 고개만 까딱하고 만다. 어떤 때는 사람들과 인사할 때 목에 힘이 들어가 고개 숙이기조차도 어렵다. 자기와 상관없는 사람에게는 아예 눈길조차도 주지 않는다. 그러니 서로 눈을 쳐다보며 나누는 어떤 교감도 나눌 수 없이 건성으로 손만 잡고 만다. 여러 사람이 있을 땐 악수를 할 때도 상대의 행색에 따라 사람을 가려서 대하는 것 같아 상대를 민망하게 한다. 그와 악수해본 사람들이 그것을 먼저 알기에 아무도 그를 좋아하거나 존경하지 않는다. 나부터도 그를 보는 것이 어색하고 마주치고 싶지 않다.

 비슷한 나이에 두 사람은 서로 왜 이리 다를까. 한 사람은 문학을 가르치는 교수이고 다른 사람은 지방 자치단체에서 정치하는 사람이다. 몸담은 직업을 두고 분별하는 것은 아니지만, 서로가 특별히 다른 것은 없는데 한 사람은 항상 같은 모습이다. 하지만 정치를 하는 사람은 전혀 다른 모습을 보게 된다. 그런데 참 신기한 것은 선거 때만 되면 그렇게 뻣뻣하던 고개가 숙어지고 허리가 꺾인다. 만나는 사람마다 두 손을 맞잡고 얼굴에 온화한 미소를 지으며 지지를 부탁하는 모습은 그렇게 겸손해 보일 수가 없다. 그렇게 쉽게 하던 인사가 선거가 끝이 나고 나면 언제 그랬냐는 듯 그 밝았던 표정이 사라지고 마는데, 참 알다가도 모를 일이다. 처음 모습과 어쩌면 저렇게도 다를까 싶어 그를 다시 보게 된다. 그럴 때는 이전 모습이 떠올라 더 천박해 보이고 이중적인 그 모습이 서글프다.

옛말에도 그 사람의 사람됨을 보려면, 먼저 그가 예(禮)를 표하는 바를 보고 평가한다고 했다. 사람은 자신을 낮춘 만큼 높아진다는 사실을 머릿속에 담아두기는 쉽지만, 몸으로 옮기는 것은 정말 어렵다. 막상 실천해보면 그렇게 어렵게 생각하던 일도 알고 보면 놀랄 만큼 쉬운 일이라는 것을 알게 된다. 그것을 보란 듯이 남이 어렵게 하는 일을 쉽게 하는 교수는 낮은 마음으로 자기보다 못한 사람에게 배울 줄 아는 사람이다. 그와는 반대로 서민을 위한 정치를 한다는 사람은 자기가 부끄러운 행동을 하고도 그것이 부끄러운 일이라는 걸 알지 못한다. 이처럼 똑같은 일을 두고도 한 사람은 상대방이 어려워하는 일을 쉽게 하고, 다른 한 사람은 상대가 쉽게 하는 일이 어렵다. 낮은 곳에서 배울 줄 아는 사람은 모든 허물을 자신에게서 찾고 겸손하지 못한 사람은 남에게서 찾는다.

● 홍덕보(담헌湛軒 홍대용洪大容)에 답함

　(…) 옛사람의 이른바 '걸핏하면 곧 비방을 당하지만, 명성 또한 따라온다.'는 것도 헛말에 지나지 않습니다. 겨우 한 치의 명성만 얻어도 벌써 한자의 비방에 이르곤 합니다. 명성 좋아하는 자가 늙어가면 저절로 이러한 사실을 알게 됩니다.

　젊은 시절에는 과연 나도 허황된 명성을 연모하여, 문장을 표절하고 화려하게 꾸며서 예찬을 잠시 받고는 했지요. 그렇게 해서 얻은 명성이란 겨우 송곳 끝만 한데 쌓인 비방은 산더미 같았으니, 매양 한밤중에 스스로 반성하면 입에서 신물이 날 지경이었지요. 명성과 실정의 사이에서 스스로 깎아내리기에도 겨를이 없거늘 더구나 감히 다시 명성을 가까이 하겠습니까. 그러니 명성을 구하기 위한 벗은 이미 나의 안중에서 떠나 버린 지 오래입니다.

　이른바 이익과 권세라는 것도 일찍이 이 길에 발을 들여놓아 보았으나, 대개 사람들이 모두 남의 것을 가져다 제 것으로 만들 생각만 하지 제 것을 덜어 남에게 보태주는 일은 본 적이 없습니다. 명성이란 본시 허무한 것이요 사람들이 값을 지불하는 것도 아니어서, 혹은 쉽게 서로 주어 버리는 수도 있지만 실질적인 이익과 실질적인 권세에 이르면 어찌 선뜻 자기 것을 양보해서 남에게 주려 하겠습니까.

■

  알고 보면 사람의 한때 명성이란 것이 참 별것 아니다. 마치 종소리처럼 종매로 칠 때는 크게 울리다 차츰 잦아들어 나중에는 사라지는 것과 같다. 명성을 얻은 처음에는 시끌벅적하지만 조금만 시간이 지나면 시들해져서 차츰 사람들 기억에서 잊힌다. '화무십일홍이요 권불십년'이라고 했다. 이처럼 잠깐의 명성을 꽃에 비유하자면, 아름다운 꽃은 무도회에 나가는 여인의 머리에 핀으로 꽂히지만 끝나고 나면 그뿐이다. 사람들에게 한때의 좋은 평판과 영광이란 다 그렇다. 무도회가 끝나고 집으로 돌아와 머리에서 떼어내면 그것은 그냥 한 송이 시든 꽃일 뿐이다. 그런데도 사람들은 하나같이 성공해서 주목받기를 원한다.

  주변에서 나름대로 성공한 사람들을 접촉할 기회가 더러 있는데 솔직히 말해 그들이 그리 행복해 보이지 않는다. 나름대로 성공해서 명성을 얻었다는 사람들이 행복하고 여유로워지고 평온해지기는커녕 오히려 더 우울해 보이는 것은 무슨 까닭일까. 아마 겉은 화려해도 실제로는 그렇지 않기 때문이다. 우리가 몰라서 그렇지 자신의 명성을 지켜내기 위해 들이는 노력이 무척 힘들거나 자신이 감당하기 힘든 무게일 것이다. 물 위에 떠 있는 백조가 우아해 보일 수 있는 것은 물밑에 있는 두 발의 바쁜 발놀림 때문이듯, 그런 명성이라는 것도 절대 그저 얻어지는 게 아니다. 또 그 명성을 지키기 위해선 얼마만큼의 노력이 따라야 하는지 그것은 우리 스스로 처지를 바꾸어 생각해볼 일이다.

＊

  이번에는 남을 비방하는 것에 대해서다. 한산(寒山)과 습득(拾得)은 당나라 때 천태산 국청사(國淸寺)의 두 고승으로 인구에 회자되는 수많은 선시를 후세에 남긴 사람이다. 이들과 관련해서 유명한 이야기가 전해지고 있다. "한산이 습득에게 물었다. 세상 사람들이 나를 비방하고, 업신여기고, 욕하고, 비웃고, 깔보고, 천대하고, 미워하고 속이니 어떻게 대처하는 것이 좋을까요?" 습득이 말했다. "참고, 양보하고, 피하고, 견디고, 공경하고 따지지 않으면 몇 해 후에 그들은 그대를 다시 보게 되리라." 어찌 보면 참 교과서적이고 원론적인 말 같지만, 곰곰이 생각해 보면 이말 말고는 딱히 할 말이 없다.

인생에서 일어나는 수많은 문제 가운데 어떤 것은 반드시 저항해야만 하는 것이 아니고 억울함 역시 꼭 벗겨내야 하는 것은 아니다. 내가 누명을 벗고 싶어도 벗을 수가 없는 때도 있고 어떤 때는 해명할수록 더 벗어나기 힘들 때도 있다. 그러니 어찌해야겠는가. 자신이 비방을 듣고 누명을 덮어썼어도 변명할 방도가 없다면 그때는 무엇을 의지해 견뎌낼 수 있을까. 남의 비방을 들으며 굴욕을 참아내는 것도 그 사람의 경지(境地)라 할 수 있다. 만약 그런 어려움을 딛고 일어설 수만 있다면 그때야 비로소 이전에 생각하지 못했던 많은 것들이 다가오게 된다. 그러면 전에 없던 새로운 계단으로 오를 수 있을 것이다.

이별의 말 정다웠지만, 옛말에 "천 리 밖까지 따라가 배웅할지라도 끝내는 헤어져야 한다."라고 했거늘 어쩌겠습니까. 다만 한 가닥 아쉬운 마음이 떠나지 않고 착 달라붙어있어, 어디서 오는지 자취가 없건만 사라지고 나면 삼삼히 눈에 아른거리는 저 허공 속의 꽃 같사외다. 지난번 백화암(白樺菴)에 앉아 있을 때 일이외다. 암주庵主인 처화(處華)가 멀리 마을에서 들려오는 다듬이 소리를 듣고는 비구 영탁(靈托)에게 이렇게 게를 읊더이다.
'탁탁 하는 방망이 소리와 툭툭 하는 다듬잇돌 소리, 어느 것이 먼저인고?' 그러자 영탁은 합장하며 이렇게 말했사외다.

"먼저도 나중도 없으니, 그 사이에 소리가 들리옵나이다."
 이제 당신께서는 정자 위에서 난간을 배회하셨고, 저 역시 다리 곁에 말을 세우고는 차마 떠나지 못했으니, 서로 간의 거리가 아마 한 마장쯤 되었을 거외다. 모르긴 해도 우리가 서로 바라본 곳은 당신과 제가 있었던 그 사이 어디쯤이 아닐까 하외다.

 ※

 이별할 때 주고받은 두고두고 못 그칠 울음
 천 리까지 그대를 따라가며
 가지 말라 가지 말라고 붙잡고 싶어도
 언제고 한 번은 이별해야 하는 것을
 이 일을 어찌할까요, 어찌할까요, 어찌할까요.

 다만 한 가닥 희미한 아쉬움이
 마음에 하늘하늘 얽혀 있는데
 공중에 환희의 꽃 하나
 어디선가 날아왔다가 사라지고
 또다시 아른아른한 모습으로 다가옵니다.

 그 예전 백화암에 앉았을 때 암자 주인 처화 스님이
 먼 마을에서 바람 타고 들려오는
 다듬이질 소릴 듣더니 문득
 비구승 영탁에게 게偈를 전했는데

 '탁탁' 치는 소리와
 '땅땅' 울리는 소리 중에 어느 것이 먼저 들렸겠느냐?
 영탁이 손을 맞잡고 공손히 대답하기를,

먼저도 나중도 아닌,
바로 그 사이에 들었습니다.

어제 내가 그냥 그대로
정자 위에 머문 채로 난간을 짚어 가며
서성거리고 있는 그 시각에

이 몸 또한 다리 언저리에서 말을 세운 채였는데
우리 떨어져 있는 거리가
1리쯤 되는 줄로 알았지요.
아마도 서로 바라보았던 곳
그곳은 그때였으리라, 바로 그때였으리라.

가을 길

 가을이 오면 밤새 뒤척이다가 다음날 어딘가를 훌쩍 떠나곤 했다. 어떤 목적이 있어서가 아니라 그냥 길을 걷고 싶어서다. 산길이든 바닷길이든 어디라도 좋다. 그게 나에게 소중한 것은 가을 길을 걸으면 내 인생의 계절과도 함께한다는 기쁨이다. 두 발로 걸으며 경치 좋은 곳을 만나거나 해 질 무렵 하늘을 물들이는 노을을 볼 때면 이토록 아름다운 길을 걸을 수 있는 튼튼한 두 다리에 고마워한다. 언제까지가 될지는 모르지만 아직은 오래 걸어 힘들거나 높다란 바위 위에서도 떨리지 않는 다리가 대견스럽다. 요즘은 길을 걸으며 만나는 많은 것들이 내게 묻는다. 내년에도 올 수 있느냐고 묻고, 심지어 떨어지는 낙엽조차도 얼마만큼의 시간 동안 볼 수 있느냐고 묻는다. 이따금 한 번씩은 길가에 나무와 작은 바위하고도 이야기를 주고받곤 하는데, 그러면 나는 묻는 그들에게 나지막이 귓속말해준다. 사는 날까지 너희와 함께하다가 세상을 떠날 때가 되면 내가 가는 곳이 너희가 있는 곳이라고. 가서 한번은 낙엽으로, 한번은 구름으로, 또 한 번은 반딧불이처럼 작은 벌레가 되었다가 풀숲에 작은 바위도 되겠다고 약속한다.

 산길을 걷는 동안 내 안에 잠자고 있던 또 다른 나와 단 한 번의 만남은 여태 지고 다니던 부질없는 의심을 흔적도 없이 지워버린다. 일상이 깨달음이란 마음 흘러가는 곳, 사물과 내가 하나

되는 자리에 있다. 풀잎 사이로 걸쳐진 거미줄에 맺힌 이슬과 길가에 떨어지는 낙엽 하나에도 깨달음이 있다. 나이 든 지금은 여행하며 만나는 풍경들이 지난날과는 많이도 달라 보인다. 마치 오래전 읽은 책을 오늘 다시 읽는 것처럼 낯설기도 하다. 시절마다 다가오는 느낌이 어쩌면 이리도 다를 수 있을까 싶다. 이제는 부는 바람도 계절마다 색깔이 달라 보인다. 깊어가는 가을 숲에서 불어오는 바람은 어느 시인(이혜인)의 말처럼 낙엽 같은 커피색이다. 눈을 감은 채 가만히 숨을 들이쉬면 그 바람에는 알 듯 모를 듯 커피 냄새가 실려 있다.

   길에는 바람과 비, 짐승과 사람의 흔적에도 때 묻지 않고 남아 있는 옛 세상의 모습이 있다. 혼자 가는 산길은 거치적거리는 것 없어 편안하고 외로움은 따라와서 나를 혼자되게 한다. 산 아래쪽 들판 너머로는 하얀 강줄기가 하염없이 멀어져가고 있다. 조롱거리는 산새 울음소리, 머리 위를 흘러가는 가을 하늘의 흰 구름 조각, 나뭇잎을 말리는 따가운 햇볕 아래 한참을 걷다가 쉬고 싶을 때 길옆 바위와 풀숲, 아니면 아무 곳에나 주저앉으면 온 사방이 그대로 내 안에 가득하다. 나뭇가지 사이로 지나가는 바람 소리와 그 바람에 나뭇잎 떨어지는 소리, 떨어진 낙엽끼리 서로 몸 비비며 바스락거리는 소리, 살아있는 것들은 모두 자신을 스스로 드러낸다. 산길은 내가 가는 만큼 더 멀어지거나 사라져 버린다. 그러다 어떤 때는 길이 먼저 나에게로 다가와 손을 잡고는 빨리 가자며 지쳐 앉은 나를 일으켜 세운다.

   가을 산길은 나에게 인생의 계절을 이야기한다. 봄에는 꽃과 나무에 움이 트고 꽃을 피워 태어남을 이야기하고, 여름이면 초록의 무성함으로 생명의 역동을 보여준다. 가을에는 잎 떨어지는 쓸쓸함과 열매 익어가는 모습, 온산을 붉게 물들이는 단풍으로 저물어가는 생을 어떻게 마무리해야 할지를 말해준다. 그러다 겨울이면 골짜기에 부는 바람에 흩어지는 낙엽처럼 떠나는 것을 가르쳐준다. 이처럼 눈으로 볼 수 없는 절대 존재와의 대화는 길을 걸으며 커지는 나의 기쁨이다. 세상 만물은 오기만 하고 가지 않는 것은 없다고 했다. 삶과 죽음이 하나이듯 오고 가는 것은 같지만 다르고, 다르기에 같다는 붓다의 가르침과도 같다. 내 인생의 가을도 그들과 함께 깊어가고 있다. 그때는 길도 내게로 다가와 너 역시 꽃이거나 나무와 같다고 귓속말로 나직이 속삭인다. 그 목소리를 들으며 가을 길 걷는 내 마음은 서쪽 하늘을 물들이는 저녁노을 빛이다.

한 골짜기에서

김종삼

한 골짜기에서
앉은뱅이 한 그루의 나무를 보았다
잎새들은 풍성하였고
색채 또한 찬연하였다
인간의 생명은 잠깐이라지만

● 경지에게 답함·2

　부지런하고 정밀하게 글을 읽기로는 포희씨(包犧氏)만한 사람이 뉘 있겠습니까. 글의 정신과 뜻이 천지 사방에 펼쳐있고 만물에 두루 있으니, 천지 사방과 만물은 글자로 쓰지 않은 글자이며, 문장으로 적지 않은 문장일 거외다. 후세에 글을 부지런히 읽기로 호가 난 사람들은 기껏 거친 마음과 얕은 식견으로 말라붙은 먹과 문드러진 종이 사이를 흐리멍덩한 눈으로 보면서 하찮은 글귀나 주워 모은 데 불과하외다. 이는 술지게미를 먹고서 취해 죽겠다고 하는 격이니 어찌 슬프지 않겠습니까.
　저 하늘을 날아다니는 우는 새는 얼마나 생기가 있습니까. 그렇건만 적막하게도 새 '조(鳥)'자 한 글자로 그것을 말살하여 새의 고운 빛깔을 없애버리고 그 울음소리마저 지워 버리지요. 이는 마을 모임에 가는 촌 늙은이의 지팡이 머리에 새겨진 새 모양과 무엇이 다르겠습니까. 새 조자의 진부함이 싫어 산뜻한 느낌을 내고자 새 조자 대신에 새 금(禽)자를 쓰기도 하지만, 이는 책만 읽고서 문장을 짓는 자들의 잘못이라 할 거외다.
　아침에 일어나니 푸른 그늘이 드리운 뜨락에 여름새들이 찍찍 짹짹 울고 있더이다. 나는 부채를 들고 책상을 치며 이렇게 외쳤소이다. 저것이야말로 날아가고 날아간다는 문자이고 '서로 울며 화답한다.'라는 문장이다! 갖가지 아름다운 문채를 문장이라고 한다면 저보다 더 나은 문장은 없으리라. 오늘 나는 진정한 글 읽기를 했노라.

그대가 태사공(太史公)의 사기(史記)를 읽었으되 그 글만 읽었을 뿐 그 마음은 읽지 못했다고 보아야 할 것입니다. 왜냐하면 항우본기(項羽本紀)를 읽고서 성벽 위에서 전투를 관망하던 장면이나 생각하고 자객열전(刺客列傳)을 읽고서 고점리(高漸離)가 축(筑)을 치던 장면이나 생각하니 말입니다. 이런 것들은 늙은 서생들이 늘 해대는 케케묵은 이야기로서, 또한 살강 밑에서 숟가락을 주웠다는 것과 무엇이 다르겠습니까.

어린아이들이 나비 잡는 것을 보면 사마천의 마음을 간파해 낼 수 있습니다. 앞다리를 반쯤 꿇고, 뒷다리는 비스듬히 발꿈치를 들고서 두 손가락을 집게 모양으로 만들어 다가가는데, 잡을까 말까 망설이는 사이에 나비가 그만 날아가 버립니다. 사방을 둘러보아도 사람이 없기에 어이없이 웃다가 얼굴을 붉히기도 하고, 성을 내기도 하지요 이것이 바로 사마천이 사기(史記)를 저술할 때의 마음입니다.

● 창애에게 보낸 답장

 보내주신 글 묶음을 양치질하고 손을 씻은 다음 정중하게 읽고서 무릎 꿇고 사뢰옵니다. 문장은 참으로 기이합니다만 사물의 명칭에 빌려온 것이 많고 말이 딱 들어맞지 않으니 이게 옥에 티라고 하겠사외다. 노형을 위해 한번 제 읽은 바를 말씀 드리겠습니다.

 문장을 짓는 데에는 방법이 있거늘 이는 송사하는 사람이 증거를 가지고 있어야 하고 도붓장사가 물건 팔 때 소리를 외치는 것과 같사외다. 비록 사리(事理)가 분명하고 옳다 해도 증거가 없다면 어떻게 이길 수 있겠습니까. 그러므로 글 짓는 사람은 경전 여기저기서 인용하여 자기의 뜻을 밝혀야 하는 거외다. 대학(大學)의 경문(經文)은 성인이 한 말씀을 현인(賢人)이 받들어 기술한 것이니 그보다 더 믿을만한 것이 없겠건만, 저 강고(康誥)를 인용하여 "능히 큰 덕(德)을 밝힌다."라고 했고, 또 제전(帝典)을 인용하여 "능히 큰 덕(德)을 밝힌다."라고 했습니다.

 벼슬 이름과 땅 이름은 다른 나라의 것을 빌려 써서는 안 되는 법이니, 땔나무를 지고 다니며 소금 사라고 외친다면 종일 다닌들 한 묶음도 팔지 못할 거외다. 모든 황제의 도읍지를 다 장안(長安)이라 부르고, 모든 시대의 삼공(三公)을 무조건 승상(丞相)이라 일컫는다면 이름과 실상이 뒤죽박죽되어 도리어 속되고 추하게 될 거외다. 이것은 이름만 같은 가짜 진공(陳公)이 좌중을 놀라게 하거나, 추녀가 서시(西施) 흉내를 내어 얼굴을 찡그리는 일과 같을 것입니다. 그러므로 글 짓는 사람은 아무리 그 명칭이 추하더라도 그것을 꺼려서는 안 되고 그 실상이 아무리 속되더라도 그것을 숨기지 말아야 합니다. 맹자께서 "성은 다 같이 쓰는 것이지만 이름은 자기만의 것이다" 했듯이, 이 어법을 흉내 낸다면 '글자는 같이 쓰는 것이지만 문장은 자기만의 것이다.'라고 할 수 있습니다.

■

영지와 창애에게 보낸 답장이란 편지에는 글짓기에 관련된 부분이 많아 오래전 처음 이 글을 읽었을 때도 밑줄을 그어놓고는 노트에 따로 메모해두었다. 지금 다시 읽으니 그때와는 사뭇 다른 느낌으로 다가오지만 그 줄기는 변하지 않았다. 그 당시에 나는 글을 쓰지 않았고, 지금은 글을 쓰는 터라 처지가 달라지긴 했지만, 그와 상관없이 그때나 지금이나 내가 글을 통해 받은 가르침은 지금도 내 안에서 깊은 강물처럼 흐른다. 아마 그때부터 연암에 대한 나의 사랑이 움트지 않았는가 싶다. 이 부분만큼 전문(全文)을 옮기는 이유는 여러 번 이야기했지만 혹 연암을 읽지 못한 사람이 내 글을 본다면 연암의 마음 한 부분만이라도 함께 하고픈 생각 때문이다.

옛날 선사들은 걷는 것도 선(禪)이요 앉는 것도 역시 선이라고 했듯이 우리 일상의 모든 것이다. 선이라는 게 어디 따로 있지 않음을 말하고 있다. 선을 통한 깨달음은 내가 나의 노예가 아니라 주인으로 살아가는 것이다. 종교 가르침의 핵심이 그렇지 않은가. 글 쓰는 일도 마찬가지다. 일상에서 만나는 어느 것이든 글의 소제가 아닌 게 없다. 불교에서 선이라 말하는 모든 것이 선이듯 글 쓰는 사람에게는 글 쓰는 과정이 선이다. 선이나 명상이 나를 찾아가는 일이듯 글 쓰는 사람은 그 일을 통해 자신을 찾아가는 것이다.

비슷한 말이지만 도에 관해서도 그렇다. 어떤 제자가 종심선사에게 도(道)를 물으니 선사는 손으로 눈앞에 있는 사물을 가리키며 운수(運水般柴) 무비묘도(無非妙道) 물을 긷고 땔나무를 나르는 모든 일상이 모두 오묘한 도(道) 아닌 것이 없다고 했다. 나 역시 그런 가르침대로 살려고 생각하며 일상에서 일어나는 어떤 것 하나도 그냥 보아 넘기려 하지 않는다. 생각은 생각을 반영하기에 깨어있는 연암의 글을 읽으며 그 글을 읽는 나도 깨어나는 것이다. 현재 이 순간보다 값진 게 뭐가 있을까. 나는 그보다 더한 기쁨을 경험한 적이 없으며 연암과의 인연으로 이전보다 훨씬 폭넓은 삶을 누리고 있다.

글과 사람

 글 쓰는 일은 내 삶의 고통을 극복하는 하나의 방편이기도 하고 나에게 삶의 희망을 품어다 준다. 거기에는 일상에서 생기는 온갖 일을 견디고 이겨내는 나만의 오솔길이 있다. 살면서 고독하고 외롭다는 생각이 들 때면 나는 길을 걸으며 내 안에 있는 또 다른 나를 만나서 남에게 하지 못했던 온갖 이야기를 나눈다. 그 시간은 무엇과도 바꿀 수 없이 소중할 뿐만 아니라 내가 내 삶을 사랑할 때다. 거기에 더 고마운 것은 내 안에 또 다른 내가 있어 헤어질 시간이 오면, 밖으로 나가려는 나를 불러 세우고는 그냥 돌려보내지 않는다. 그러면 나는 작든 크든 주는 대로 받으며 얻은 것을 가지고 나온다. 매번 선물이 마음에 들거나 같은 것은 아니다. 어떤 때는 선물이 마음에 들지 않을 때도 있고 또 어떤 날은 고만고만하기도 하지만, 예감이 좋은 날은 생각지도 못했던 선물을 받아들고 나오며 환호할 때도 있다.

 그렇게 얻은 사유를 모아 글을 쓸 때는 글의 대상과 내 영혼까지를 뒤섞어 생각한다. 나는 혼자 있을 때보다 밖으로 나가 사람들 사이를 돌아다닐 때, 더 고독을 느낀다. 여러 사람과 함께하는 상황이라도 거기에 상관없이 내 마음 따라 혼자가 된다. 깊은 사색을 하는 사람이나 일에 빠진 사람은 어디에서 무얼 하든 항상 혼자다. 고독은 나와 다른 사람 사이를 거리로 잴 수 있는 것이 아니다. 정말 어떤 일에 몰두해 있는 사람은 언제나 사막의 수도승만큼이나 혼자다. 농부는 혼자 밭에서 혼자 김을 매거나 농사지을 때는 외로움을 느끼지 않는다. 그것은 그가 일에 몰두해 있어서다.

간디는 "인생은 모든 예술보다 위대하다. 한 걸음 더 나아가 완벽에 가까운 인생을 영위하는 인간이야말로 가장 위대한 예술가다. 그런 까닭은 숭고한 인생이라는 확실한 토대와 틀 없이는 예술이 될 수 없기 때문이다."라고 했다. 나는 이 글을 읽으며 글과 삶이 따로 노는 사람을 생각한다. 우리 주변에는 이 같은 사람이 널려있다. 남을 들먹일 것 없이 나부터도 그렇다. 작가는 자기 작품에 더 가까워질수록 작품에 힘이 생긴다. 단순한 사물에 대한 관찰이나 감상이 아닌, 힘을 실어주는 작품 같은 것. 그 힘의 원천은 작가가 살아가는 모습에서 나오는 것이다. 자신이 세상을 바라보는 시선이 글의 시선이 되겠지만 그것은 생각만으로 되지 않는다. 나는 온몸으로 글을 쓸 때 내 모습이 더 선명해지고 그 시간 진정한 나를 만난다.

나에게 수필을 쓰는 것도 중요하지만 수필가로서 어떠한 삶을 살았느냐 하는 것도 중요하다. 이제는 그런 문제를 더 깊이 생각할 때가 되었다. 비유하자면 어느 시인(김종철)의 말처럼 지금쯤이면 어두운 밤에 못을 쳐도 정확히 박을 나이가 되었다. 여태 그런 것에는 별다른 관심을 두지 않았고 남은 인생을 문학을 공부하는 것과 글 쓰는 일이라고 생각하고 있었다. 지금은 생각이 달라졌다. 한 사람의 수필가가 삶을 어떻게 살았는가 하는 것은 어떤 작품을 썼느냐 하는 것보다 더 중요하다는 생각이 들어서다. 삶이 뒷받침되지 않는 수필이란 없으며 삶의 진실이 따르지 않는 수필은 근원적으로 힘이 없다. 세상과 인간에 대한 깊은 이해 없이는 결코 좋은 글은 쓸 수 없다는 말이다. 문학의 뿌리는 삶에 있다는 것과 나중에 그 열매를 어디에 돌려줄 것인지도 생각해야 한다.

 삶의 모습과 글이 따로 논다는 것은 양복을 입고 고무신을 신은 꼴이다. 얼마나 짝이 맞지 않은 모습인가. 사람에 따라 글이 다른 것은 당연한 일이다. 사람마다 자기가 처한 환경과 교육, 그에 따른 삶의 체험이 제각각이니 그에 따라 사유 세계도 다르다. 쓰는 글 역시 달라질 수밖에 없다. 나는 요즘 소설가 윤대녕의 말처럼 '내 삶을 복원'하는 글쓰기가 즐겁다. 그동안 삭제했거나 쓰레기통에 버려졌던 것, 그러니까 한 번쯤은 글로 남기고 싶었던 것을 복원하는 일은 내 삶을 바로 세우는 일이다. 만약 복원하지 않았더라면 영원히 내 가슴에서 잠자고 있을 것이다. 그런 과정을 거치며 차츰 내 글과 삶이 서로 짝을 이루게 된다. 책상머리의 생각보다 더욱 중요한 것이 몸을 투척해서 얻은 삶이라는 것을 이제는 안다. 내가 쓴 글과 삶이 보기 좋게 짝을 이루게 하려면, 지금 하는 일에 열정을 쏟으며 문학을 향해 걷는 삶, 바로 그것이다. 내 경험으로는 삶이 무거워 힘들고 어려울 때 글이 잘 쓰인다.

● 영재泠齋(유득공의 호)에게 답함

 옛사람의 술에 대한 경계는 지극히 깊다 이를 만하구려. 주정꾼을 가리켜 후(酗)라고 한 것은 그 흉덕(凶德:흉악한 행실)을 경계함이요, 술그릇에 주(舟)가 있는 것은 배가 엎어지듯 술에 빠질 것을 경계함이지요. 술잔 뢰(罍)는 누(纍:오랏줄에 묶임)와 관계되고 옥잔 가(斝)는 엄(嚴)의 가차(假借)요, 배(盃)는 풀이하면 불명(不皿:가득 채우지 말라)이 되고 술잔 치(巵)는 위(危)자와 비슷하고, 뿔잔 굉(觥)은 그 저촉(抵觸)됨을 경계함이요, 창(丈) 두 개가 그릇(皿) 위에 있는 것은 서로 다툼을 경계한 것이고 술통 준(樽)은 준절(撙節-절제節制)을 보여줌이요, 금(禁)은 금제(禁制)를 이름이요, 술 유(酉) 부에 졸(卒:죽다)의 뜻을 취하면 취(醉)자가 되고 생(生)자가 붙으면 술 깰 성(醒)자가 되지요. 주관(周官 周禮)에 평씨(泙氏)가 기주(機酒)를 맡았다 했는데 본초(本草)를 살펴보니 평(萍:개구리 밥)은 능히 술기운을 제어한다 했소.

 우리들은 술 마시기를 좋아하는 것이 옛사람보다 더하면서, 옛사람이 경계로 남긴 뜻에는 깜깜하니 어찌 두려운 일이 아니겠소. 원컨대 오늘부터 술을 보면 옛사람이 글자 지은 뜻을 생각하고, 다시 옛사람이 만든 술그릇의 이름을 돌아봄이 옳지 않을는지요.

■

　열하일기의 환연도중록(還燕道中錄)에 있는 글인데, 연암이 술 마시는 사람들을 두고 하는 말이다. 읽어 보고 자기 모습이 어떠한지 돌아봐도 좋다. "우리나라 사람들의 술배는 너무 커서, 반드시 이마를 찌푸리며 큰 사발의 술을 한 번에 들이킨다. 이는 들이붓는 것이지 마시는 게 아니며, 배부르게 하는 것이지 흥취로 마시는 게 아니다. 그러므로 술을 한번 마셨다 하면 반드시 취하게 되고 취하면 바로 주정을 하게 되고, 주정을 하면 반드시 싸움질을 하게 되어 술집의 항아리와 사발은 남아나질 않는다. 풍류와 운치라고는 눈곱만큼도 없다. 그러고선 오히려 중국식으로 술을 마시면 전혀 배가 부르지 않다며 비웃는다." 그런데 내 모습은 남의 눈에 어떻게 비칠까.

　다산(茶山) 정약용도 자식들에게 보내는 편지에 술에 대해 경계해야 할 것을 당부했는데 "참으로 술맛이란 입술을 적시는 데 있다. 소 물 마시듯 마시는 사람들은 입술이나 혀에는 적시지 않고 곧장 목구멍에다 탁 털어 넣는데 그들이 무슨 맛을 알겠느냐 술 마시는 정취는 살짝 취하는 데 있는 것이지 얼굴이 홍당무처럼 붉어지고 구토를 해대고 잠에 곯아떨어져 버린다면 무슨 술 마시는 정취가 있겠느냐. 요컨대 술 마시기를 좋아하는 사람들은 병에 걸리면 폭사하기 쉽다. 주독이 오장육부에 배어들어 가면 온몸이 무너지고 만다. 나의 부는 재산이 많은데 있지 않고 부족함이 적은데 있다."라고 했다.

　수필가 윤오영은 술에 대해 "애주가(愛酒家)는 술의 정(情)을 아는 사람, 음주가(飮酒家)는 술의 흥을 아는 사람, 기주가(嗜酒家) 탐주가(耽酒家)는 술에 젖고 빠진 사람이다. 같은 술을 마시는 데도 서로 경지(境地)가 이렇게 다르다."라고 했다. 술 좋아하는 사람이라면 마음에 새겨두어야 한다.

　사람들은 흔히 낮술에 취하면 아비도 몰라본다고 했다. 이처럼 술의 폐해는 예나 지금이 조금도 다르지 않다. 그보다 내가 진정으로 경탄하는 것은 옛사람이 글자마다 담긴 술에 관한 뜻이다. 글자 하나하나에 어쩌면 저리도 심오한 뜻이 담겨있는가를 생각하면 정말 놀라울 뿐이다. 그보다는 술에 관해 저토록 아름다운 뜻을 담아낼 수 있는 문자를 만든 중국 사람이 더 놀라울 때도 있다. 어쩌면 글자 하나에 담긴 여러 가지 뜻을 알면 알수록 글자를 만든 사람들이 위대한 생각마저 든다. 그보다 더 놀라운 것은 중국 한자 문화의 진수를 고스란히 가져와 우리 것으로 만든 조선 선비들의 학문에 관한 수준이다. 거기에 중국 사람 못지않은 탁견(卓見)도 그렇고 그것으로 뿜어내는 문향(文香)은 오히려 그들의 향기보다 더 깊고 은은하다. 옛 선비들의 학문 가운데 어떤 부분은 한자의 뿌리가 되는 중국 사람의 사유를 능가하는 일도 많았다.

　술에 관한 이야기로 돌아가 나와 술에 관해 이야기한다면, 나 같은 경우는 평생 술 때문에 겪은 일들이 한둘이 아니었다. 이제 나이 들어 생각해보면 술을 잘 마시지 못해 나 스스로 자괴감마저 들었던 젊었을 때와는 생각이 많이 달라지긴 했지만, 만약 지금도 그럴 수만 있다면 온갖 시름 내려놓고 호탕하게 마셔보고 싶은 생각만큼은 변하지 않았다. 술 잘 마시는 사람이 이런 내 심정을 알기나 할까. 생각 같아서는 술이 약한 내 몸을 그들에게 잠시 빌려주고도 싶다. 나의 그 심정이 어떤지를 느껴 보라고 말이다. 그래서 나는 술자리에서 술 잘 마시는 사람이 술 못 마시는 사람과 술잔을 나눌 때, 술잔보다는 서로의 눈길을 주고받으며 즐겁게 어울릴 줄 아는 사람이 좋다. 그러다가 마음이 맞아

서로 벗으로 사귀게 된다면 벗 중에서도 가장 으뜸으로 여길 것이다.

■ 술이 약해서

나는 술에 관한 생각이 다른 사람과 조금 남다르다. 뭐 그리 유별난 건 아니지만 술이 약한 까닭으로 술이 센 사람과 술을 마셔야 하는 일이 생겼을 때 생각하는 것이 다를 수밖에 없다. 이유는 이렇다. 나는 술에 취하면 마음과 몸이 완전히 따로 놀고 가슴이 답답해져 견디기가 너무 힘들어서다. 술 센 사람은 내 이런 몸 상태를 알지 못하니 술자리는 좋아하면서도 잘 마시지 못하는 내가 이해하기가 어려울 것이다. 그래도 술자리에만 앉으면 많이 마셔보고 싶다는 생각만큼은 간절하다. 어떨 때, 속이 뒤집히듯 속상한 날에는 혼자 술집으로 가 작정을 하고 마셔도 맥주 한 병이나 소주 반병이면 그만이다. 좀 취하도록 마시고 싶어도 시간을 두지 않고 몇 잔 마시면 그때부터 속에서 받아들이지 않는다. 어떤 날은 곤드레만드레가 되도록 마시고 싶다. 그러나 견디기 힘든 몸 상태와 술 취한 다음에 오는 고통이 두려워 그럴 수가 없다. 선천적으로 속에서 알코올을 분해하는 능력이 너무 약하다.

그렇기는 해도 나는 틀림없는 애주가다. "마음 맞는 친구하고 막걸리든 소주든 맥주든 술을 앞에 놓고 마주 앉으면, 내 속에서 잠자고 있던, 그리고 사실은 나 자신도 속에서 잠자고 있는 줄 몰랐던 말들이 줄줄, 아니 술술 나올 준비를 한다. 그 불타는 술이 위 속으로 들어가면 말의 성감대를 움직여 사람의 입을 가만히 있지 못하게 하는 것이다. 술 마신 사람의 입에서 나온 말은 그래서 아름답다." 술과 사랑의 언어를 아름다운 수필로 표현한 문학 평론가 김현의 이 문장을 좋아해 머릿속으로는 거의 외우고 있다. 이처럼 술에 대한 낭만과 이해가 없다면, 술이 약해 늘 서러워하는 나를 김현의 이야기가 나를 어루만져준다는 느낌이 들 이유가 없을 것이다.

아무튼, 나는 술이 약하다. 친구들이나 주변의 지인들과 술자리에 둘러앉았을 때, 가끔은 이런 생각도 한다. 어찌 보면 그들만큼 못 마시는 나의 넋두리라고 하겠지만 내 생각은 이렇다. 내 주량을 화물트럭으로 견주어 본다면 최고 적재량은 오래전 대우자동차에서 생산되는 "라보"라는 소형 트럭의 0.5t으로 이 정도가 내 기본 주량이다. 친구나 지인 중에는 나 같은 사람도 있고, 1t부터 시작해 8톤 심지어는 25t에서 대형 트레일러 급까지. 드물지만, 적재량이 측정이 안 되는 사람도 있는데 거의 무한대다. 그러니 술잔을 주고받기는 하되 자기 적재량만큼만 마시면 안 될까 하는 생각이다.

내가 젊었을 땐 '딱' 한 가지 술 잘 마시는 사람이 제일 부러울 때가 있었다. 어떤 경우에는 지금도 그렇다. 한창 사회활동을 할 때는 주량을 늘리려고 온갖 방법을 다 써 보았지만, 잠깐은 느는 것 같다가도 잠시 그때뿐, 조금만 시간이 지나면 예전으로 돌아와 버린다. 내가 생각해도 체질적으로 술을 몸속에서 받아 내지를 못한다. 어느 정도 마시고 나면 더는 마실 수가 없다. '애라 될 대로 돼라' 싶어 계속 마시고 싶다가도 나중에는 몸이 견디지를 못하는 것을 생각하면 술잔을 내려놓고 만다. 돌아가신 아버지와 술 체질은 어쩌면 이리도 똑 닮았는지 아버지가 원망스러울 때도 있었다. 가장 보기 싫어했던 것도 그런 내 앞에서 술로 호기 부리는 사람이었다.

내 어릴 적 아버지는 간혹 약주 한두 잔에 조금 취해 들어오면 어머니에게 하시던 말 중에 "내가 술을 남들만큼 마실 수만 있었으면 내 인생이 달라졌을 끼다. 이쯤에서 이라고 있을 내가 아이다." 술이 약해 친구들과 끝까지 어울리지 못하는 아쉬움을 그렇게 어머니에게 풀곤 했다. 내가 아버지와 똑같은 심정이 되다보니 아버지의 그런 심정이 이해가 된다. 그 당시 아버지의 심정도 지금의 나와 똑같거나 더 심했을지도 모르니까. 우스운 일이지만 나 역시 젊어서 혈기 왕성할 땐 사업상 간절히 필요하기도 하고 때로는 친구나 지인들과 피할 수 없는 술자리에서 주량이 적어 힘에 부칠 때면 간혹 아버님과 똑같은 생각을 하는 것이다.

언젠가 한 번은 술 때문에 내 인생을 통째로 망가뜨릴 뻔한 적도 있었다. 군대를 제대할 무렵이었는데, 함께 진해 시내로 외출 나간 동기생들과 술에 취해 어깨동무하고 비틀거리며 가다가 앞에서 검은 가방을 들고 걸어오는 해군 장교에게 '넌 뭐하는 놈'이냐며 있는 데로 주먹을 날린 일이다. 그 바람에 장교의 모자가 벗겨졌지만 천행이었는지 다치지는 않았다. 헌병을 부른다며 호통치는 장교에게 동기들이 손이 발이 되도록 빌고 빌어서야 겨우 용서받은 일이 있었다. 술이 깬 그 다음날 동기들에게 그 이야기를 듣고는 정말 기가 막혔다. 까딱했으면 제대도 못할 뻔했다. 나에겐 그 일이 술과 멀어진 또 하나의 이유였다. 만약 그 주먹질이 장교의 얼굴을 다치게 했다면 어찌 될 뻔했을까. 어김없이 군 형무소 감이었다. 한동안 생각만 해도 등줄기에 식은땀이 흘렀다. 그 일 말고도 사회생활을 시작하며 두어 번 술 때문에 어려운 일을 겪었는데 술이 세었더라면 겪지 않아도 될 일이었다.

내가 술을 이기지 못하니 마시는 양을 절제할 수밖에 없고, 그러다 보면 술이 센 사람들에게 따돌림당한다는 생각이 들 때도 있다. 그럴 때가 가장 서운하다. 요즘은 나를 대충 아는 사람들로부터 가끔은 이런 말도 듣는다. '저 친구! 술 마시는 것 보면 자기 관리가 철저한 사람이다.'라고 한다. 그 말이 듣기 좋지도 그렇다고 싫지도 않지만, 정말 몰라도 너무 모르는 소리다. 나도 어떤 때는 코가 비틀어지도록 취하게 마시고 싶을 때도 있다. 그런데 잘 마시는 사람과 함께일 때는 상대가 열 잔을 마실 때 나는 한 잔을 마셔도 술은 내가 더 취한다. 그러고도 내가 술맛을 안다고 한다면 사람들은 나를 비웃을지도 모른다. 나는 그런 사람에게 내 몸을 빌려줄 수만 있다면, 하고 생각한 게 한두 번 아니다. 술에 취해 내가 겪어야 하는 고통을 고스란히 알게 해주고 싶었다.

술을 즐기는 사람이 가져야 하는 최고의 마음가짐은 자기와는 전혀 체질이 다른 사람을 배려하고 받아들일 줄 아는 태도이다. 술의 정(情)을 아는 애주가(愛酒家)는 그것을 용인하는 과정을 통해서만 상대에게 존경받을 수 있다. 술이란 그 흥취가 양에 있지 않고 마음 맞는 사람과 한두 모금씩 입 안에 머금어가며 술맛을 음미하는 것 아닌가. 여럿이 시끌벅적 마실 때라도 자기의 주량대로 적당하게 상대방과 담소하며 약간은 취하듯 마시는 것이 진짜 애주가의 모습이다. 남이 뭐라고 해도 나는 그렇게 천천히 마시며 상대를 배려하는 것이 술자리의 흥취를 제대로 아는 술 마시는 사람의 근사한 모습 아닐까 싶다.

● 설날 아침에 거울을 마주 보며

두어올 검은 수염 갑자기 돋았으나
육 척의 몸은 전혀 커진 것이 아니네.
거울 속의 얼굴은 해를 따라 달라져도
철모르는 생각은 지난해 나 그대로

⊙ 연암(燕岩)에서 선형(先兄)을 생각하다

우리 형님 얼굴 수염 누구를 닮았던고
돌아가신 아버님 생각나면 우리 형님 쳐다봤지
이제 형님 그리우면 어드메서 본단 말고
두건 쓰고 옷 입고 가 냇물에 비친 나를 보아야겠네.

■

　연암이 지은 '설날 아침 거울을 마주 보며'라는 시를 읽고 잠시 책을 덮고는 바로 책상 컴퓨터 옆 복사기 위에 놓인 앉은뱅이 거울에 내 얼굴을 비춰보았다. 찡그려도 보고, 웃어도 보고, 근엄한 표정까지 갖가지 표정을 지어보지만 내가 봐선 나이 들며 변한 것 말고는 지난날과 달라진 게 없다. 나에게는 내가 백일 때 찍은 기념사진이 있다. 이게 정말 나인가 싶기도 하지만, 누군가를 쳐다보는 맑고 초롱초롱한 눈망울이 내가 봐도 귀엽다. 가끔 꺼내 보고는 생각에 잠기곤 하는데 아무리 봐도 지금 내 모습을 찾을 수가 없다. 세상으로 나온 지가 백일밖에 안 되어서인지는 몰라도 꼭 다른 아기 사진을 보는 것처럼 낯설다. 오래전부터 간직해왔던 터라 마치 영험한 부적처럼 품에 지니고 다닌다. 세월이 한참을 지나 군에 가기 전 모습을 보면 얼굴 윤곽은 달라지지 않았어도 지금 얼굴과 비교하면 그 느낌이 그때와는 많이도 달라졌다. 아마도 이 사진 두 장은 내가 이곳을 떠나는 날까지 나와 함께할 것이다.

*

두 번째 '연암에서 선형을 생각하다'라는 시는 정조 11년(1781) 연암의 형 박희원이 향연 58세로 별세하여 연암협(燕巖峽)의 집 뒤에 있던 부인 이씨(李氏) 묘에 합장하며 지은 시다. 이덕무는 이 시를 읽고 감동하여 극찬했다고 한다.

아버지의 얼굴에 형의 얼굴이 들어 있고 형의 얼굴에는 내 얼굴이 들어 있다. 눈에 보이지 않는 몸에 병도 대물림하는데 하물며 눈에 보이는 다른 것이야 오죽하겠는가. 읽으면 읽을수록 시가 온몸으로 다가오고 넉 줄에 담긴 뜻이 너무도 깊어 돌아가신 아버지 생각에 자꾸만 눈시울이 붉어지려 한다. 이덕무가 시를 읽고 극찬을 하고도 남을 만하다. 아버지가 보고 싶으면 형의 얼굴을 보면 되고 형을 보고 싶으면 아버지 모습을 떠올리면 되고, 나를 알고 싶으면 형이 입던 옷을 입고 냇물에 비친 나를 보면 된다는 말이 가슴을 파고든다. 그 아버지에 그 아들이라는 말이나 그 엄마에 그 딸이라는 말에는 자식에게는 부모의 혼이 담겨있는 까닭이다. 자식들이 서로 닮으며 대를 이어가는 것이다.

나는 무심히 흐르는 세월의 덧없음에 두고 쓴 글이 여러 편이다. 연암의 시를 읽을 때는 그 목소리가 내 귀에다 대고 속살거리듯 가깝게 들렸다. 그러면 나도 화답하듯 소리 내어 되읽어보는 것이다. 아래에 글도 나이에 따라 달라져 가는 얼굴에 관한 내 느낌과 세월의 무상함을 생각하며 오래전 썼던 글이다.

우리에게 남은 시간

성격이 급한 탓도 있겠지만 젊었을 때는 밤에 이불 속에 누워 가고 싶었던 곳이 생각나면 다음 날 아침 일찍 훌쩍 떠나곤 했다. 나이 든 지금도 어디를 가고 싶다는 생각이 들면 망설이지 않는 것이 지난날과 다르지 않다. 달라진 게 있다면 지금은 내가 가진 체력을 생각하게 되는 것이다. 아무튼, 집을 나서고 나면 한 번도 괜한 생각을 했다고 후회하는 일은 없었다. 그렇게 훌쩍 떠났다가 돌아오면 한동안은 새로운 기운이 내 속에 충만 되어 있는 느낌이다. 마치 소모된 핸드폰 배터리의 충전기에 100이라는 숫자로 가득 충전된 것처럼. 젊었을 때와는 달리 나이 들어 떠나는 여행은 만나는 것 모두가 새로운 느낌으로 다가온다. 내딛는 발걸음 하나에도 그 의미가 다르다. 생각해보면 인생의 깊이에 따라 발걸음의 무게가 가볍게 느껴지기도 하고 진중하게도 느껴진다. 내딛는 걸음마다 생각이 영글어지고 걸음 자체가 사색이 된다.

무엇과도 바꿀 수 없는 그 시간 아무도 없는 숲길을 걸으며 행복하다. 발걸음 하나하나가 내 마음 자국을 남기는 사랑이다. 언젠가 강원도 남대천을 지나다 문득 이런 생각이 들었다. 강을 떠나 세상 온 바다를 돌아다니며 살다 죽을 때가 되면 태어난 곳으로 돌아와 알을 낳고 죽는 연어의 모습에서 인간의 삶을 생각하는 것이다. 어쩌면 사람도 연어의 일생과 같거나 비슷하지 않을까. 인간의 일생도 결국 자신을 찾아가는 과정이고 마지막엔 자신이 태어난 곳으로 돌아가는 여정이다. 세상 만물의 탄생과 죽음의 주재자가 있어 인간과 연어의 일생을 물어본다면 서로 비슷하거나 어쩌면 같을지도 모른다고 대답할 것이다.

인생의 무상함과 **빠름**을 비유하는 말 가운데 인생의 시간은 한 개의 두루마리 화장지와 같다는 말이 있다. 처음에는 천천히 돌아가다 갈수록 도는 속도가 빨라진다. 그러다 마지막 휴지가 풀어지고 나면 딱딱한 종이 한 개만 덩그러니 남는다. 마치 허물 벗은 벌레의 흔적을 보는 것 같다. 그 모습이 사람이 나이 들며 자신이 느끼는 세월의 **빠름**과 어쩌면 이리도 같을까 싶다. 생각해보면 시간이란 우리 마음이 만들어낸다. 무언가를 기다릴 때는 굼벵이처럼, 그렇게 안가든 시간도 사랑하는 사람과 함께 있을 때는 그만 토끼 뜀뛰듯 훌쩍 가버린다. 똑같은 시간을 두고도 마음 쓰는 데 따라 이처럼 느리게도 가고 빨리 가기도 하는 것이다. 그럴 때는 마음으로 느끼는 시간이 무슨 도깨비처럼 정체불명의 그 무엇이다. 사람들은 흔히들 젊었을 때는 하루가 짧고 한 해는 긴데, 나이가 들면 하루는 긴데 한해가 짧다고 한다. 살아보니 그렇지 않던가.

세월이 빨라도 너무 **빠르다**. 작년 그믐날 가까운 사람과 스마트폰 문자로 덕담을 나눈 것이 바로 어제 같은데 벌써 십이월이 코앞이다. 두루마리 화장지 돌아가는 소리가 제법 **빠른** 소리를 내는 것이 남은 게 그리 많지 않음을 알리는 것 같아 괜히 마음만 바쁘다. 그러다가 어느 순간은 남은 화장지를 생각하면, 사는 게 몹시 허망하고 외롭다는 생각이 배어든다. 그래도 어쩌겠는가, 남은 것을 한 조각이라도 허투루 쓰지 않고 살뜰하게만 쓴다면 혼자 외롭거나, 허망할 것도 없다. 오히려 이런 외로움이 삶의 한 토막을 값있게 만드는 것으로 생각하며 보람되게 누려야 한다. 요즘은 여행을 떠나 혼자가 되거나 아니면 책상 앞에 앉아 컴퓨터와 마주하는 시간이 잦다. 고독과 외로움 속에서 내 존재를 찾아내고, 그때야 비로소 '나'가 된다. 그리고는 나에게 남은 시간이 그리 짧은 것은 아니라며 내가 나를 위로하는 것이다. 요즘은 의도적으로 혼자가 되는 시간을 갖기 위해 노력한다. 길을 걸어도 홀로 걷고 싶고, 사람들과 무슨 행사장이나 모임에 함께 있을 때도 어서 빨리 혼자가 되고 싶어 안달한다. 그냥 언제 어디서든 혼자가 좋다. 아까 말처럼 혼자 있을 때 나가 되고 온전한 나를 찾는다.

인문학자 김열규 선생의 글 하나를 옮긴다. "나는 한 번도 시간의 얼굴을 본 적이 없다. 다만 뒷모습을 보았을 뿐이다. 까마득한 길 끝에서 먼지처럼 사라져 가는 뒤 꼴을 먼빛으로 보았을 뿐이다." 나 역시 시간의 뒷모습은 물론이고 시간이 가는 것도 보지 못했다. 시간은 가만히 있는데, 흐른 건 내 마음이었다.

● 마장전(馬駔傳)·1

 "너는 남과 더불어 교제할 때, 첫째, 상대방의 기정사실이 된 장점을 칭찬하지 말라. 그러면 상대방이 싫증을 느껴 효과가 없을 것이다. 둘째, 상대방이 생각하지 못한 것을 깨우쳐 주지 말라. 장차 행하여 거기에 미치게 되면 낙담하여 실망하게 될 것이다. 셋째, 사람이 많이 모인 자리에서는 남을 제일이라고 일컫지 말라. 제일이란 그 위가 없단 말이니 좌중이 모두 썰렁해지면서 기가 꺾일 것이다.

 그러므로 사람을 사귀는 데에도 기법이 있다. 첫째, 상대방을 칭찬하려거든 겉으로는 책망하는 것이 좋고, 둘째, 상대방에게 사랑함을 보여 주려거든 짐짓 성난 표정을 드러내 보여야 한다. 셋째, 상대방과 친해지려거든 뚫어질 듯 쳐다보다가 부끄러운 듯 돌아서야 하고 넷째, 상대방으로 하여금 나를 꼭 믿게끔 하려거든 의심하게 만들어놓고 기다려야 한다. 또한 열사(烈士)는 슬픔이 많고 미인은 눈물이 많다. 때문에 영웅이 잘 우는 것은 남을 감동시키자는 것이다."

■
 요즘 사람들은 이 글의 내용 중 일부분이라도 실천하기가 어려울 것이다. 모두가 성급하고 더디게 갈 줄 모르는 것도 문제지만,

그보다 꼭 기다려야 하는 것을 기다릴 줄 모르는 것이 더 문제다. 연암의 말처럼 상대방이 나를 믿게끔 하려면 의심하게 만들어놓고 기다려야 한다고 했는데, 요즘 세상에 과연 그럴 사람이 있기나 할까. 참으로 억지소리 같지만, 가만히 되돌려 생각해보면 상대의 신뢰를 얻는데 이만한 방법도 없다. 왜냐하면, 의심하던 사람이 상대가 신뢰할만한 사람이라는 걸 알게 되면 그때부터는 그 신뢰하는 마음이 돌덩이처럼 단단해지기 때문이다. 사람을 사귀는 기법에 있어 이보다 더 나은 방법이 어디 있겠는가.

상대에게 그런 마음을 얻기 위해서는 충분한 시간을 가지고 기다려야 하는데, 조급한 마음으로는 절대 그러지 못한다. 상대에게 진정으로 얻고 싶은 것이 있다면 먼저 인내심을 기르는 게 우선이다. 특히 요즘 사람들이 기다릴 줄 모르는 것은 남녀노소 할 것 없이 모두가 매한가지다. 무슨 일을 하든 급하게 서두르는 마음은 가장 경계해야 할 것 중 하나인데 하는 일마다 조급하다. 자기 스스로 기다림의 마음가짐을 갖고 있지 못하면 살아가는 데 큰 걸림돌이라는 것은 누구나 알지만 실천하는 게 참 어렵다. 마음이 급해져서 서둘게 되는 이유 중에는 무언가 바라는 것이 있기 때문이다. 바라는 바가 꼭 되어야 한다는 강박관념에 사로잡히게 되면 급하게 서둘게 되고 그러다가 제풀에 제가 걸려 넘어져 사람들에게 비웃음거리가 되는 것이다. 그런 까닭은, 몸은 여기 있는데 마음은 벌써 목적지에 가 있어 누가 걸지 않아도 자기 발에 자기가 걸려 넘어지는 우스운 꼴을 보이기 때문이다. 지금 여기, 내가 있는 이 자리에 머물며 때를 기다리지 못하는 것은 실패의 가장 큰 원인이라는 것을 명심해야 한다.

시간을 갖고 연암의 글을 하나하나 뜯어가며 살펴보면 어느 것 하나 사람이 살아가는데 황금률(黃金律) 아닌 게 없다. 또 한 가지

기억해야 할 것은, 서로가 무작정 가까워져서는 좋은 관계가 만들어지지 않는다. 좋은 친구가 되기 위해서는 반드시 얼마만큼의 거리가 필요한 법이다. 우리가 빵 하나를 굽더라도 불에 바짝 다가가 있는 것보다는 조금 떨어져 구우면 훨씬 맛있는 빵을 구울 수가 있다. 빨리 익히기 위해 불에 너무 가까이 다가가면 타버린다. 너무 가까이 가서도 안 되고 너무 멀어져서도 안 되는 이런 이치는 친구가 아닌 다른 사람과의 관계도 마찬가지다.

● 마장전(馬駔傳)·2

 말 거간꾼이나 집주릅이 손뼉을 치고 손가락으로 가리켜 보이는 것이나 관중(管仲)과 소진(蘇秦)이 닭, 개, 말, 소의 피를 바르고 맹세했던 일은 신뢰를 보이기 위한 것이다. 어렴풋이 헤아리지 못할 말만 들어도 가락지를 벗어 던지고 수건을 찢어버리고 등잔불을 돌아앉아 벽을 향하여 고개를 숙이고 울먹거리는 것은 믿을만한 첩임을 보이기 위한 것이요 가슴속에 생각을 다 내보이면서 손을 잡고 마음을 증명해 보이는 것은 믿을 만한 친구임을 보이기 위한 것이다.

*
 옛날에 가슴앓이를 하는 사람이 있어, 아내를 시켜 약을 달이게 하였는데 그 양이 많았다 적었다 들쭉날쭉하였으므로 노하여 첩을 시켰더니, 그 양이 항상 적당하였다. 그 첩이 너무나 마음에 들어 창구멍을 뚫고 엿보았더니, 많으면 땅에 버리고 적으면 물을 더 붓는 것이었다. 이것이 바로 첩이 약을 적당히 맞추는 방법이었다. 그러므로 귀에 대고 소곤거리는 것은 좋은 말이 아니요, 정이 얼마나 깊은지를 드러내는 것은 훌륭한 벗이 아니다."

■

　마장전(馬駔傳)에 있는 이 글을 읽으며 맨 먼저 다가오는 느낌은 첩과 친구의 모습을 바로 눈앞에서 실제로 보는 것 같았다. 연암이 당시 양반들의 교제술이 말 거간꾼의 상술과 다름없고 신의를 보이기 위해 첩이 보인 기만적 행태를 빗대어 이야기했겠지만, 지금도 이런 모습은 예나 지금이 조금도 달라지지 않았다. 방법이야 세월 따라 다양해졌어도 사람의 본질은 변하지 않았다. 처지를 바꾸어 내가 만약 그 시대의 그 사람이었다면 가락지를 집어 던지는 첩과 문구멍으로 마당에다 약을 버리거나 맹물을 섞는 첩의 모습을 보고 어떤 생각이 들었을까. 글을 읽을 때는 내 마음이 마치 손가락에다 침 발라 창호지에 구멍을 내고는 첩의 행동을 지켜보는 그 사람 마음 안으로 들어가 있는 것 같았다. 우리는 너무나 많은 시간을 이런 첩 같은 사람들과 함께 하고 있는지도 모른다. 누구든 나는 결코 아니라며 손사래 치겠지만 자신이 몰라서 그렇지 우리 주변에는 이런 사람들이 수두룩하다. 세상이 그런 줄은 알지만, 그냥 모른 척하고 사는 사람도 있을 것이다.

　이런 이야기를 하다 보니 지금 교도소에 있는 박근혜 이명박 전 대통령의 처지가 생각난다. 그들도 한 집안(청와대)의 주인이었을 때는 수많은 첩에 둘러싸여 그들이 하는 일을 마음에 들어하며 철석같이 믿고 살았을 것이다. 처지가 극과 극으로 달라진 지금 문구멍으로 직접 보지는 않았어도 문구멍보다 더 크고 환한 교도소 안에서 그런 첩들의 모습을 어떤 마음으로 바라보고 있을까. 생각하면 그 마음을 알 것도 같다. 굳이 교도소 안의 두 사람만이 아니어도 수많은 사람이 그들과 같은 심정으로 약 달이는 첩과 가락지를 집어 던지던 첩의 모습을 바라보는 사람이 참 많고도 많을 것이다. 사람은 누구나 자기가 평생을 첩으로 살거나 아니면 평생 주인이 되라는 법은 없다. 살면서 때로는 내가 첩이 되는 상황도 있을 것이고, 반대로 첩을 바라보는 상황도 있을 것이다. 이처럼 첩과 주인의 처지가 서로 뒤바뀌어가며 살아가는 게 우리 인생이 다 그렇지 않은가.

＊

이왕 박근혜, 이명박 전 대통령 이야기가 나왔으니 그 때문이라도 아래의 글을 옮긴다. 기원전 81년 중국 전한조정에서 있었던 논쟁을 기록한 염철론(鹽鐵論) – 기원전 119년 한나라 무제 때 소금과 철을 국가가 관장하는 것에 대해 염철 회의를 하며 논쟁을 기록해놓은 토론문화의 진수 – 이라는 책에 있는 글이다. 이천 년도 훨씬 넘은 시대에 쓴 글이 마치 오늘 쓴 것처럼 생생하게 살아 숨 쉬는 것은 사람이 세상과 사람을 바라보는 눈은 그때나 지금이 조금도 다르지 않다. 사람의 본성은 시대와 상관없이 변하지 않는다는 말이기도 하다. 그것이 참 신기하기도 하고 만약 내가 죽은 다음 오랜 세월이 흐른 후에도 사람들의 생각이 오늘과 같을지 궁금하다. 그때를 알 수 없으니 지금 내 마음이라도 이야기하고 싶은 생각에 긴 글을 옮긴다. 회의에 참여한 어느 대부가 한 말인데 조금 길긴 하지만 읽다 보면 저절로 깊은 생각에 빠져들게 될 것이다.

"사람들은 안락한 사람은 곤란한 사람을 구제할 줄 모르고, 배부른 사람은 굶주린 사람을 도울 줄 모른다고 말합니다. 그래서 곡식과 고기를 남기는 사람치고 빈궁한 사람을 이해하는 자가 없고, 안일과 쾌락에 빠져있는 사람치고 노동하는 고생을 아는 자가 없습니다.
무릇 크고 높은 집과 넓고 그윽한 방에 사는 사람은, 작고 좁은 초가집에 사는 사람이 비가 새는 지붕과 습기 차 눅눅한 방바

닥을 걱정하는 아픔을 알지 못합니다. 네 필씩 말을 묶어 수레를 끌게 하고 재물이 집안 창고에 가득 차 있으며, 묵은 곡식이 쌓여 있는데도 새 곡식을 또 들여놓는 사람들은 아침 식사만 먹고 저녁 식사는 굶으면서 남의 돈을 빌리러 다니는 이의 초라함을 알지 못합니다.

넓고 큰 정원과 연못, 기름진 밭이 나란히 줄지어 있는 사람은 송곳을 꽂을 만한 땅도 없고 머리를 숨길만 한 집도 없는 이의 아픔을 알지 못합니다. 좋은 말들이 산을 뒤덮고 소와 양이 계곡에 가득 찬 사람은 돼지 새끼 한 마리도 없고 비쩍 마른 송아지 한 마리 없는 이의 가난을 알지 못합니다. 높은 베개 베고 누워 담소하며 먹을거리와 옷이 충분하여 빚쟁이한테 쫓길 일 없이 편히 지내는 사람은 빚을 갚으라는 사채군의 독촉과 세금 내라는 핍박에 근심하는 이의 시름을 알지 못합니다. 질 좋은 비단 옷을 휘감고 멋진 가죽신을 꿰신고 기름진 쌀밥을 먹으며 부드러운 살코기를 뜯는 사람은 짧은 베옷을 입은 사람의 추위와 쌀겨와 지게미를 먹는 이의 고통을 알지 못합니다.

조용한 내실에서 두 손 놓고 하는 일 없이 밥상을 받아먹는 사람은 몸소 쟁기를 밟으며 밭을 가는 이의 수고로움을 알지 못합니다. 튼튼한 수레에 올라 좋은 말을 몰면서 말을 탄 이들이 열지어 뒤따르게 하는 사람은 등짐을 지고 걸어가는 사람의 수고로움을 알지 못합니다. 편안한 침상과 푹신한 모직 좌석에다 시종들을 거느린 사람은 맨발로 수레를 끌고 무거운 짐을 지고 높은 곳에 오르거나 배를 저어 흐르는 물을 가로질러 건너는 사람의 신산(辛酸)함을 알지 못합니다.

가볍고 푹신한 속옷과 멋진 가죽 외투를 입고 따뜻한 방에 거하며 편안한 수레를 타고 다니는 사람은 변경의 성벽에 올라 술자리 하고 황량한 오랑캐 땅을 떠돌면서 살을 에는 찬바람을 맞는 사람의 위험과 추위를 알지 못합니다. 처자식이 다 함께 한 집에서 오순도순 사이좋게 지내고 자손들이 옆에서 돌보아주는 사람은 군대에 간 자식을 걱정하는 늙은 어미의 초췌함과 지아비를 그리워하는 아낙네의 슬픔과 한을 알지 못합니다.

 귀로는 온갖 음악을 듣고 눈으로는 광대의 우스꽝스러운 연기를 보는 사람은, 변경에서 날아오는 화살에 맞을 위험을 감수하고 외적을 막다가 죽어간 사람의 재앙을 알지 못합니다. 동쪽을 향해 책상에 엎드려 붓을 떨쳐 문서를 만드는 사람은 형구를 차고 포승에 묶여 사납게 채찍을 맞으며 추달을 받는 사람의 아픔을 알지 못합니다. 푹신한 의자에 앉아 책에 쓰여 있는 말만 보고 어지럽게 지시하는 사람도 길을 걷고 물을 건너 실행하는 이의 어려움을 알지 못합니다."

*

 나는 이 글을 읽으며 한국의 위정자들에 대해 온갖 생각이 다 들었다. 그중에 하나가 아까 말처럼 지금 구치소에 있는 전직 대통령이었던 두 사람에 대해서다. 만약 그들이 학창 시절이나 아니면 정치에 입문해 열정적으로 활동할 시기에 이런 글을 읽고 마음에 담아두었더라면 아마도 지금 같은 일은 겪지 않았을 거라는 생각이다. 오래전부터 느꼈던 일이지만 비단 교도소에 있는 대통령뿐만 아니라 우리나라 정치인들의 인문(人文)에 관한 수준이 국민의 눈높이와는 거리가 멀어도 한참은 멀다고 생각하고 있었다.

 나는 정치인들에게 무슨 일이 생길 때마다(좋고 나쁨을 떠나)

그들의 사람됨을 인문정신의 있고 없음에 따라 가늠하곤 했는데 그것이 혼자 생각인지는 모른다. 확신하건대, 만약 그들에게 내가 읽은 중국의 고전 중 한두 권 정도만이라도 곁에 두고 가까이 했어도 우리나라 정치 수준이 확 달라질 것이다. 정치인 모두가 그렇다는 건 아니지만, 언젠가 TV를 통해 국회의원 중에는 이런 사람도 있다는 이야기를 들었다. 어떤 중대 의안이 표결에 부쳐졌을 때, 가(可)와 부(否)라는 한자표기를 잘못해 국민의 뜻을 대변하는 그 한 표가 무효로 처리되는 일이 있다는 것이다. 그러니 내 생각을 그르다고 할 수는 없지 않은가.

● 취하여 운종교(雲從橋)를 거닌 기록

 다시 수표교(手標橋)에 당도하여 다리 위로 줄지어 앉으니, 달은 바야흐로 서쪽으로 기울어 순수하게 붉은 빛을 띠고, 별빛은 더욱 흔들흔들하며 둥글고 커져서 마치 얼굴 위에 방울방울 떨어질 듯하며, 이슬이 길게 내려 옷과 갓이 다 젖었다. 흰 구름이 동쪽에서 일어나 옆으로 뻗어 가다 천천히 북쪽으로 옮아가니 성(城) 동쪽에는 총록색이 더욱 짙어졌다. 맹꽁이 소리는 늙어서 정신이 혼미한 원님 앞에 난민(亂民)들이 몰려와서 송사(訟事)하는 것 같고, 매미 소리는 일과를 엄히 지키는 서당에서 시험일에 닥쳐 글을 소리 내어 외우는 것 같으며, 닭 울음소리는 한 선비가 홀로 나서 바른말 하는 것을 소임으로 삼는 것 같았다.

초책(楚幘)에게 보낸 편지

 그대는 행여 신령한 지각과 민첩한 깨달음이 있다 하여 남에게 교만하거나 다른 생물을 업신여기지 말아주오. 저들에게 만약 약간의 신령한 깨달음이 있다면 어찌 스스로 부끄럽지 않겠으며 그리고 만약 저들에게 신령한 자각이 없다면 교만하고 업신여긴들 무슨 소용이 있겠소. 우리들은 냄새나는 가죽부대 속에 몇 개의 문자를 지니고 있는 것이 남들보다 조금 많은데 불과할 따름이오. 그러니 저 나무에서 매미가 울음 울고 땅 구멍에서 지렁이가 울음 우는 것도 역시 시를 읊고 책을 읽는 소리가 아니라고 어찌 장담할 수 있겠소.

■

"나는 여름날 못에서 시끄럽게 울어대는 개구리 소리를 괴롭게 여겨 모두 죽여 버렸으면 하는 생각을 했다. 그러나 만물은 저마다 하늘로부터 받은 본성에 따라 살고 있을 뿐이다. 인간과 개구리를 비교해 보면 인간의 삶이 얼마나 하늘의 뜻에서 벗어나 있는지를 알 수 있지 않을까. 개구리 우는 소리가 아무리 시끄럽다고 해도 인간은 온갖 거짓과 위선에 찬 말로 진실을 어지럽히는 것보다 더하지 않다. 거기에다 요상하고 음란 괴이한 소리를 지껄임으로써 참된 소리를 사라지게 할 뿐만 아니라 모함하고 참소하는 말로서 동류(同類)를 해치는 것이다. 어진 자를 업신여기며 간사하고 사악한 말로서 분란을 일으키고 정도(正導)를 뒤엎고 있는 것이다. 만물의 영장이라고 우쭐대는 인간의 실상이 이렇다. 그러나 개구리는 더러운 연못에 살면서도 하늘이 내린 본성을 충실히 따르면서 동류끼리 다정하게 소리를 주고받는다. 사람을 미워하지도 않고, 사람에게 무엇을 구하는 법도 없다."

이 글은 어느 교수가 쓴 글을 본뜻은 훼손하지 않았지만, 내 나름대로 윤색했다. 연암에 관한 글을 쓰며 따로 메모해둔 독서 노트를 살펴보다 찾은 것인데 내가 이 글을 쓰지 않았다면 노트

속에서 오랫동안 묻혀 있다가 기억에서 지워졌거나 노트와 함께 없어졌을지도 모른다. 나는 이 글을 읽으며 연암의 생각과 궤를 같이한다는 생각이 들었다. 교수 역시 나와 동시대를 사는 사람이라는 것도 그렇고 가만히 생각해보면 교수도 연암을 무척 사랑하지 않았나 싶다. 시대의 차이는 있지만 두 사람 마음의 물길은 서로 같은 곳으로 흐른다. 지금 시대를 사는 사람도 옛사람과 똑같은 생각을 하는 것은 다른 생명을 사랑하고 이해하는 마음은 시대를 뛰어넘어 서로의 가슴에 공명하는 까닭이다.

비둘기의 만찬

아침 일찍 편의점에 우유를 사러 가다가 지난밤 어떤 취객이 길가에 쏟아 놓은 토사물을 보았다. 비둘기 몇 마리가 달라붙어 그것을 쪼아 먹고 있었다. 그 옆을 지나가며 그만 역겨운 생각이 들어 얼굴을 돌려 버렸다. 봉지를 들고 나와서는 그 길로 가기 싫어 반대편 길로 돌아오며 다시 그곳을 쳐다보니 비둘기가 서너 마리 더 붙어 있었다. 전깃줄 위에도 몇 마리 앉아 밑을 내려다보고 있었는데 아마 먼저 먹은 놈인가 싶다. 집으로 돌아와 우유 한 잔을 컵에 따라 내 책상 앞에 앉으니 책상 위에는 어제 먹던 치킨 조각이 말라비틀어져 있고 한쪽에는 내가 발라먹은 뼈들이 수북하다. 그것을 보다가 문득 조금 전 길에서 본 풍경이 떠올랐다. 어쩌면 내가 그것을 보고 더럽다고 생각한 것은 순전히 '나'라는 한 인간의 생각이었기 때문일 것이다. 보기만 해도 역겨운 토사물이지만 그것 역시 사람에게서 나온 것이니 더럽다고 생각할 일만은 아니다. 비둘기에겐 그것이 더할 나위 없는 성찬일지도 모른다.

그런 광경을 쳐다보며 나를 생각해보면 어쩌면 인간인 나 역시도 자연의 눈으로 볼 때 저 비둘기와 같지 않을까 하는 생각을 하게 된다. 우리는 집에서 기르던 닭이나 소를 잡아먹고 심지어는 정붙이고 살던 개까지 잡아먹는다. 오늘 아침 보았던 비둘기가 인간의 이런 잔인한 모습을 알았다면 뭐라고 이야기했을까. 아마도 전깃줄 위에 앉은 비둘기는 사람들이 먹고 마시는 것을 내려다보고 저희끼리 이런 이야기를 했을지도 모른다. '아니, 저런 것도 먹네. 정말 별것을 다 먹는다며 저희끼리 깔깔대며 웃고 떠들었을 것이다. 인간의 먹이가 다양한 것은 세상 만물의 영장이어서가 아니라 우리 인간의 생존방식이다. 단지 그것을 불에 익히고 그릇에 담아 도구를 이용해 입에 넣는 것이 다를 뿐이다. 먹어서 활동하는 에너지를 만드는 것은, 모든 생명이 생겨날 때부터 가진 생존본능이다. 미개했던 원시시대의 인간을 생각해보면 사는 방법이 산속의 짐승들이나 들판에 굴을 파고 사는 들쥐와 다를 것이 없다.

 이야기가 옆길로 새는 것 같지만, 언젠가 여행하며 관광버스를 타고 가다 고속도로 휴게실 화장실에 들어갔을 때였다. 화장실 안으로 들어갔다가 누군가 볼일을 보고 물을 내리지 않은 변기를 보고는 그만 비위가 상해 코를 틀어쥐고 나온 적이 있었다. 서너 칸 옆으로 가 볼일을 보고는 버스 있는 곳으로 걸어가며 조금 전 내 행동이 너무 일방적이라는 생각이 들었다. 생각해보면 그렇지 않은가. 내 속에서 나온 것에는 변기 안을 들여다보고 또 어떤 경우에는 색깔을 확인하기도 하며 심지어는 꼬챙이로 속을 헤집어 보기도 한다. 반대로 남의 것을 보면 못 볼 것을 본 것처럼 코를 막고 얼굴을 돌려 버리는 것이다. 같은 사람끼리 어쩌면 이리도 이기적일까 싶지만, 남을 탓할 일도 아니다. 이유는 자기 것은 냄새도 역겹지 않고 아무렇지도 않기 때문이다. 같은 장소에서 똑같은 배설물을 두고도 내 것과 남의 것은 이렇게 다르다.

 원효대사가 해골바가지에 담긴 물을 마시고 얻은 깨달음과 "일체유심조(一切唯心造)"라는 말의 의미가 무엇인지 수없이 보고 들었다. 또한, 인간을 제외한 세상 만물은 주어진 본성대로 살아갈 뿐이라는 것은 세삼 이야기할 필요가 없다. 그런데 중요한 것은, 세상 모든 사물에 대한 판단 기준이 인간으로부터 시작된다는 것이다. 대부분 인간은 자신을 다른 생물의 처지에서 단 한 번도 생각해 본 일이 없었고, 여태껏 인간이 중심이 된 세계에서 한 발짝도 벗어나지 못했다. 세상 동물 가운데 사람만큼 오만한 동물도 없다. 자신을 자연의 중심에다 두고 나에게 득이 되고 필요하다고 생각되면 좋아하고 필요 없다고 싶으면 소용없다고 내치는 그런 마음가짐은 자연의 균형을 무너뜨리고 세상을 위태롭게 한다. 이렇듯 모든 사람은 우주의 중심이 자기로부터 시작되고 그 기준으로 만든 잣대로 다른 생명이나 사물들을 재단하려 드는 것이다.

사물을 보는 태도란. 머릿속 생각의 방향에 따라 사물을 판단하고 결정하게 되는 것이다. 그래서 풍경은 분명 하나인데 보고 느끼는 것은 모두가 서로 다르고 사물은 하나인데 생각은 서로 갈라진다. 나의 모든 인식과 판단은 나를 중심으로 하는 집착과 편견에 의한 판단이기에 객관적일 수가 없다. 집착과 편견이라는 것은 나라고 하는 생각이나 남이라고 하는 차별의식의 감옥 속에 나를 가둬 놓았을 때 생겨나는 망상이다. 나는 그 울타리에서 벗어나야 세상과 세계의 참모습을 볼 수 있을 것이다. 나 혼자의 독백에서 벗어날 때, 비로소 사물의 제 모습을 바르게 볼 수 있다.

아침 슈퍼에 먹을 것을 사러 가다 길바닥에 모이를 쪼아 먹는 비둘기를 보며 또 한 가지 작은 깨달음을 얻는다. 이처럼 우리가 찾으려고만 한다면 우리를 윤택하게 만드는 요소들이 우리 주변 어디에나 있다. 세상 안에 존재하는 모든 사물은 각각의 질서와 그에 따른 존재 방식대로 살며 존재한다. 세상 만물이 가진 진정한 아름다움이란 바라보는 사람의 마음속에 있다. 자신이 어떻게 바라보느냐에 따라 사물의 모습은 달라지고, 바르게 본다는 것은 그냥 분별없이 있는 모습 그대로 바라보는 것이다. 삶은 내가 원하는 대로가 아니라 있는 그대로 바라보아야 한다.

● 한여름 밤에 모여 노닌 일을 적은 글

　언젠가 매탕(梅宕 이덕무)은 처마의 늙은 거미가 거미줄 치는 것을 보고서는 기뻐하며 내게 이런 말을 한 적이 있습니다. "절묘하지 않습니까! 때때로 멈칫멈칫하는 것은 무슨 생각을 하는 것 같고, 때로는 잽싸게 움직이는 것은 흡사 득의 한 바가 있는 것 같습니다. 보리 파종할 때 씨를 밟는 발 모양 가기도 하고 거문고를 탈 때 줄 누르는 손가락 같기도 합니다." 지금 담헌과 풍무가 소리를 맞추는 모습을 보고 내 비로소 늙은 거미에 대한 매탕의 말이 이해되었다.

*

　어린애가 글을 읽으면 요망스럽게 되지 않고, 늙은이가 글을 읽으면 노망이 들지 않는다. 어진 자라 해서 남아돌지 않고, 미련한 자라 해서 도움이 안 되는 것은 아니다. 나는 집이 가난한 이가 글 읽기를 좋아한다는 말은 들었어도, 부자로 잘 살면서 글 읽기를 좋아한다는 말은 들어보지 못했다.

　군자의 아름다운 말 속에도 혹 뉘우칠 만한 말이 있고, 착한 행실 속에서도 혹 허물이 될 만한 것이 있다. 그러나 글을 읽는 경우에는 일 년 내내 읽어도 뉘우칠 것이 없으며, 백 사람이 따라서 행하더라도 허물이 생기지 않는다.

> 명분과 법률이 아무리 좋아도 오래되면 폐단이 생기고, 쇠고기 돼지고기가 아무리 맛있어도 많이 먹으면 해가 생긴다. 많으면 많을수록 유익하고 오래갈수록 폐단이 없는 것은 오직 독서일 것이다. -연암(燕巖) 산문집 3권 중 원사(原士) 끝부분에 있는 글이다.

■
 거미가 거미줄 치는 동작 하나하나를 사람 동작에 빗대어 어쩌면 이리도 잘 그려놓았는지 모르겠다. 마치 내 눈앞에서 그 모습을 보는 듯 실감도 나고 문장 하나하나가 생생하게 살아 숨 쉰다. 거미 발놀림을 생각하는 사람의 모습에 비유한 것이라든가 보리 파종할 때 발놀림과 거문고 줄 누르는 손가락으로 표현한 것은 미물인 거미 한 마리의 모습에서도 사람의 갖은 모습이 고스란히 들어 있음을 말한 것이다. 그것을 끄집어내어 이처럼 기막힌 문장으로 표현할 수 있는 연암의 깊고도 넓은 시선이 부럽기만 하다. 비록 옛사람의 글이지만 요즘 글 쓰는 사람들이 수십 번을 읽으며 음미하고 문장의 아름다움에 빠져들어도 좋을 것이다.

 예순이 넘은 나이에 글을 쓴다는 것은 현재의 생각을 쓰고 있는 것이 아니라 지난 오랜 시간 동안 삶의 체험과 책 읽기가 합쳐져 나온 생각을 쓰는 것이다. 나와 가까운 사람 중에는 지금 내가 글 쓰는 일을 두고 젊은 축에 드는 사람들조차 자기들도 해내지 못하는 것을 하는 내 열정에 조금은 놀라거나 신기해한다. 이처럼 누군가 관심을 두고 나를 보고 있다는 생각은 내 몸과 마음을 적당히 긴장시켜 사람 없는 곳에서도 긴장의 끈을 늦추지 않게 한다. 그런 동안은 자전거 페달을 밟듯 하는 일을 계속하게 하는 동력이 되어서 하던 일을 멈출 수 없게 만든다. 타인의 그런 시선은 당장은 큰 것을 얻지 못했지만, 길을 가는 동안 앞날에 대한 어떤 힘을 주었고, 계속 나의 길을 가게 하는 열정에 뜨거운 열기를 불어넣는다.

주역(周易)에 "군자는 홀로 서 있어도 두려워하지 않고 사람들이 옳다고 인정해주지 않아도 답답해하지 않는다."라고 했다. 나 또한 비록 군자의 근처에도 못 가는 사람이지만, 어떨 때는 상상으로 그치고 말겠지만, 그리되고 싶다는 마음만큼은 간절하다. 내 나름의 노력으로 어느 귀퉁이만이라도 닮아간다면 내 마음이 군자의 마음 가까이 조금씩 다가갈 수 있을 거라는 생각이다. 지금은 꼭 그런 이유가 아니더라도 나는 이미 홀로 있는 것에 익숙한 터라 마음먹기에 따라 남이 인정해주지 않아도 거기에 매달리지 않을 것이다. 주역의 말대로 홀로 서 있어도 두렵지 않다. 사람들이 인정해주지 않아도 답답하지 않다. 그러다가 어느 날 문득 진짜 혼자라는 생각이 들었을 때, 그래도 두려워하거나 외로워하지 않을 것이다.

넘쳐도 좋은 욕심

　나는 한때 수석 모으는 취미에 흠뻑 빠진 적이 있었다. 한창 돌을 모으겠다는 생각으로 전국 곳곳을 돌아다닐 때는 자다가도 돌 생각을 하면 일어나 불을 켜고 그동안 모은 돌을 쳐다보곤 했다. 그럴 때는 강이나 해변 돌밭이 눈에 어른거려 잠을 못 이룰 때도 많았다. 그런 날은 밤새 어디로 갈지를 생각해두었다가 다음 날 무작정 떠나곤 했다. 그렇게 돌밭을 찾아다니다 보면 돌 숫자가 차츰 불어나 바닥에 그냥 둘 수가 없다. 그러면 진열장을 만들고 수반이나 나무로 좌대를 만든다. 드는 비용도 만만치 않지만, 그곳을 드나들다 보면 자연스럽게 취미가 같은 사람을 만나게 된다. 그렇게 자주 만나다 보면 마음 맞는 사람끼리 만든 모임에 참여하게 되고 그때부터는 수석 전시회다 뭐다 해서 그들과 함께 하는 일이 잦아진다. 그러다 보면 회원들끼리 서로의 집을 오가며 자연히 다른 사람이 소장한 돌을 보게 된다.

　나는 그럴 때마다 남의 돌이 내 것보다 왜 그렇게 좋아 보였는지 모르겠다. 수석 전시회에서도 전시된 돌을 보면 내 돌이 그렇게 초라해 보일 수가 없었다. 어떤 회원의 집에 갔을 때는 내 돌은 거기에 있는 것과 비교하면 명함도 못 내밀 것 같아 나 스스로 부끄러울 때가 많았다. 양에서든 질에서든 모든 것에 그만 기가 질리고 맥이 풀려버린다. 나 혼자일 때는 모르겠는데 다른 사람과 함께했다 하면 내가 가진 돌이 너무 보잘것없고 초라해 보인다. 매번 그런 심정으로 집에 돌아와서는 그동안 모은 돌을 한동안 넋 놓은 채 바라보며 이런 내 마음을 어떻게 수습해야 할까를 고민했다. 그러다 마음이 가라앉고 나면 그래도 나에겐 하나같이 소중한 돌이고, 돌밭을 헤매며 애써 탐석한 돌이라며 스스로 위로했다. 돌 하나하나에 깃든 온갖 추억을 떠올리며 마음을 추스르려고 애를 썼다. 그렇게 기를 쓰다가도 얼마 못 가 도로아미타불이 되어 버린다. 왜냐하면 전시회 같은 데서 다른 사람이 소장한 수석을 보고 있으면, 그동안 누르고 다졌던 마음이 또다시 고개를 치켜들어 부러움과 시기심으로 마음이 헝클어지기 때문이다.

남의 돌을 보고 있으면 그동안 내 돌을 바라보며 느꼈던 행복이 그만 불행으로 바뀌어 버린다. 나보다 못한 사람을 보고서야 내 삶의 고마움을 깨닫는 건 부끄러운 일이지만, 나보다 행복한 사람을 보며 불행을 느낀다면 도대체 그 마음은 누구를 탓해야 할까. 그것은 평생 풀어야 할 나만의 숙제다. 그렇게 한동안 시간이 지나고 오래전부터는 전보다 열기도 많이 식어버렸다. 이유는 사람들과 탐석을 가는 차 안에서 창밖을 바라보다가 문득 이런 생각이 들었다. 돌에 대한 욕심이 끝이 없을 것 같았고 이대로 가다가는 욕심을 넘어선 탐욕이라는 생각이었다. 돌을 모으는 것이 취미가 아니라 오히려 고통이라는 생각이 들었다. 수석을 모은다는 것도 재물을 모으는 것처럼 축척이라는 끝없는 노동으로 사람을 내몰았다. 마치 한 나라를 정복할 때마다. 새로운 국경선을 생각하는 정복자처럼.

그러던 어느 날 인문학 교수가 쓴 한 권의 책을 읽으며 교수의 생각이 내 생각과 어쩌면 이리도 같을까 싶은 부분이 눈에 띄어 몇 번을 되읽으며 노트에 옮겨놓았다. 그분(아마도 수석을 무척이나 좋아했던 분)의 글이 나에게 전과는 다른 길을 가게 했다. 아마 그때부터 수석에 관한 내 마음을 내려놓지 않았나 싶다.

"수석을 취미로 하고 그것을 수집하는 사람들의 집에 찾아가 보면 초심자는 그렇지 않겠지만, 대부분 너무 많은 돌을 소유하고 있다는 생각이 든다. 한 층으로는 부족하여 받침대는 세 층으로 하고도 자리가 없어 가엾게 상자 속에 들어 있는 돌도 있고, 안방과 거실을 빼앗기고 목욕탕에 간신히 자리 잡은 돌도 있다. 순수하게 시작된 사랑이 이상한 욕심으로 변하는 예를 우리는 도처에서 본다. 다시 반복하지만, 수석은 가장 깨끗한 취미에 속한다. 나는 엄격한 금욕주의를 좋아하지 않는다. 삶의 기본 구조와 맞지 않기 때문이다. 그러나 금지된 욕심이 아닌 절제된 욕심은 아름답다. 비판의 여지를 너무도 많이 가지고 있지만, 옛 선비들의 생활에는 본받을 것이 하나 있다. 그들은 백자를 사랑했으되 사방에 쌓아놓고 즐기지 않았고, 수석을 쌓아놓지도 않았다. 좋아하는 백자 한두 점으로 만족했던 것이다. 그러면서도 백자나 붓이나 벼루 한두 점씩에는 얼마나 까다로웠던가."

교수의 글이 내 생각의 틀을 변하게 했다. 지금은 내가 가장 좋아하는 일이 책 읽고 글 쓰는 일이다. 이제는 세상 어떤 것과도 비교할 수 없는 일이 되었다. 오랜 시간 글 쓰는 일에 빠져들다 보니 돌을 모으던 지난 내 모습이 생각난다. 그때는 거기에 왜 그렇게 빠져들었는지 모르겠지만 그 시간도 내 인생의 한 시절이다. 지금은 그때와 달리 돌이 아니라 책이다. 책 읽는 욕심은 시간이 갈수록 더해 가고 그 끝이 어디쯤인지 알 수 없을 것 같다. 그에 대한 욕심이 왜 이리도 많아지는가를 주절주절 말로서는 설명할 수도 없다. 내가 자신 있게 말할 수 있는 것은 책에 관한 것만큼은 지난날 돌에 부렸던 욕심보다 더 지나쳐도 상관

없다는 말이다. 내가 이 말이 하고 싶어 오랜 시간 긴 이야기를 늘어놓았는지도 모르겠다.

●《형암이 글을 쓰고 도은이 글씨를 쓴 필첩》에 부친 서문

하찮은 기예(技藝)라 할지라도 모든 것을 잊고 전념한 뒤라야 성취할 수 있는 법이거늘, 하물며 큰 도(道)야 말할 나위가 있겠는가.

최흥(崔興孝)는 온 나라에서 알아주는 명필이었다. 그가 과거를 보러 갔을 때의 일이다. 답안지를 작성하는데, 어쩌다 한 글자가 왕희지(王羲之)의 글씨와 비슷하게 되었다. 그는 종일토록 앉아 그 글씨를 보다 차마 답안지를 내지 못하고 품에 안고 돌아왔다. 이 사람은 이익과 손해를 마음에 두지 않았다고 할 만하다.

이등(李澄)이 어렸을 적 일이다. 그가 다락에 올라가 그림 연습을 하고 있었는데, 집안에서는 이징이 어디 있는지 몰라 야단이었다. 사흘 만에 찾자 그 부친이 노하여 회초리로 때렸다. 이징은 울면서 그 떨어지는 눈물로 새 그림을 그렸다고 한다. 이 사람은 가히 그림에 몰두하여 영욕(榮辱)을 잊었다 할 만하다.

학산수(鶴山守)는 우리나라에서 노래 잘 부르기로 이름난 사람이다. 산에 들어가 노래 연습을 했는데, 한곡 마칠 때마다 모래알을 하나씩 신발에 넣어 신발에 모래가 꽉 찬 뒤에야 집으로 돌아왔다. 언젠가 도적을 만난 일이 있었는데, 도적들이 그를 죽이려 하자 바람을 향해 노래를 불렀더니 도적 떼 중에 감격하여 눈물을 흘리지 않는 자가 없었다고 한다. 이것이 이른바 생사를 마음에 두지 않는다는 경지이리라.

*

내가 거울을 꺼내 지금의 나를 살펴보다가 책을 들춰 그 사람의 글을 읽으니 그 사람의 글은 바로 지금의 나였다. 이튿날 또 거울을 가져다 보다가 책을 펼쳐 읽어 보니 그 글은 다름 아닌 이튿날의 나였다. 내 얼굴은 늙어가면서 자꾸 변해가고 변하여도 그 까닭을 잊었건만 그 글만은 변하지 않았다. 그러나 또한 책을 읽으면 읽을수록 더욱더 기이하니 내 얼굴을 따라서 닮았을 뿐이다. － 순조 때 문장가 홍길주

■

소동파는 문장이란 마땅히 물이 흐르듯 자연스럽게 지어야 한다고 했다. 다시 말해 "입은 반드시 소리를 의식하지 않은 뒤라야 말을 잘할 수 있고 손은 반드시 붓을 의식하지 않게 된 뒤라야 잘 쓸 수 있다"라고 했다. 이처럼 좋은 글을 짓고 좋은 글씨를 쓸 수 있으려면 자신의 존재를 잊어버릴 정도로 정신이 집중된 상태가 되어야 할 것이다.

글쓰기에 빠져서

사람은 다른 어떤 고통보다도 주변 사람들의 기억 속에서 차츰 잊히는 것이 무섭다. 남에게 잊히지 않고 기억되기 위해서는 자기 스스로 극단의 노력이 따르지 않으면 턱도 없는 일이다. 우리 누구나 그것을 알지만, 아무런 노력도 없이 그냥 자신을 알아주고 인정받고 싶다고 생각하는 사람이 대부분이다. 항상 마음이 조급해져 바늘허리에다 실을 꿰려 한다. 무언가를 성취하기 위해 노력했다고 해도 그 방법이 올바른 길이여야 한다. 예를 들자면 법을 아무리 많이 아는 사람이라도 사법시험을 통과하지 않는 한 법원 주변을 떠도는 브로커일 뿐이다. 아무도 그들을 알아주지 않는다. 설령 현직 판검사나 변호사보다 법에 관한 지식이 더 해박해도 누구에게도 인정받지 못한다. 사회가 정한 기준이 있는데, 그것을 넘어서야만 인정받을 수 있다. 그 문턱을 아무나 넘을 수 있는 것이 아니다. 사람들은 그것을 넘는 일이 성공으로 가는 지름길임을 알기에 그곳은 항상 사람들로 붐빈다. 세상은 우리 스스로 만든 법과 제도에 갇혀 무엇이 성공이고 무엇이 실패인가를 사회가 정한 눈으로 저울질하는 까닭에 자신의 부단한 노력 없이는 그냥 평범하게 살아갈 수밖에 없다.

나 역시 인정받기 위해서는 넘어야 할 산이 한둘이 아님을 안다. 글 쓰는 일만 해도 앞으로 나에게 주어진 일이 평생 끝이 없을 거라는 생각도 마찬가지다. 어찌 되었건 나는 지금 글쓰기에 빠져들어 흔히 하는 말처럼 반쯤 미쳤다고 해야 할까. 이 글 '내가 사랑한 연암(燕巖)'을 쓰는 동안에는 잠자는 시간 말고는 거의 온종일 눈뜬 시간에는 읽고 쓴다. 어떤 날은 꿈속에서도 쓴 글을 고치느라 밤새도록 끙끙거리다 잠이 깬 적도 있다. 이런 내 모습을 두고 남이 무슨 소리를 해도 상관없다. 내가 만약 사람들 눈에 글쓰기에 미친 사람으로 보였다면 어정쩡하게 미칠 것이 아니라 제대로 미쳤으면 좋겠다. 그렇게라도 좋은 글만 쓸 수 있다면 오랫동안 미쳐있어도 괜찮고, 정신이 돌아오지 않아도 좋다. 왜냐하면, 평생 경험하지 못했던 요즘 같은 나날들이 마치 누군가에게 축복받은 것 같은 생각이 들기 때문이다.

어떤 일에 경지에 오른 사람들이 하나같이 하는 말이 있다. 한 가지 일에 제 깊이를 꿰뚫어 일가를 이루기 위해서는 그 일에 미쳐야 한다고 한다. 나 역시도 글이 잘 쓰이는 날은 마치 접신(接神)한 것처럼, 그 순간 뮤즈를 만난 것 아닐까 하는 생각이 들 정도로 함박눈 쏟아지듯 글이 쓰일 때가 있다. 어느 한 곳에 미치지 않고 이곳저곳 기웃거리다 보면 집중하는 동력도 떨어질뿐더러 설령 어느 정도 뜻을 이룬다 해도 남들이 말하며 비웃는 반풍수일 뿐이다. 내 경험에 비추어 봐도 그 말이 맞는가 싶다. 무언가 남보다 앞서고 싶고 많은 것을 알고 싶다면 남과 같은 수준의 노력만으로는 턱없이 모자란다. 보통의 노력으로는 더 나아질 수도 없고 그냥저냥 남과 엇비슷하거나 모자라는 수준에 머물고 말 것이다.

나는 제도권 안에서 누군가에게 체계적으로 배우지 못했고 혼자서 공부하는 편이다. 정해진 스승이나 의지할만한 사람도 없다. 지금도 실제로 기댈 수 있는 것이라고는 컴퓨터와 책밖에 없다. 그런 환경에서도 혼자 힘으로 나를 바로 세울 수 있었던 것은, 내가 맞닥뜨리는 온갖 것들과 몸으로 치열하게 싸워 얻어낸 사실성이 내 안에서 발효되어 그것이 힘이 되었는지도 모른다. 내가 나를 가르치기 위해서는 내가 어딘가에 미치지 않고서는 어떤 것도 얻을 수 없었다. 그냥 고만고만한 정신으로는 그 분야에 일가를 이룬 사람들의 발뒤꿈치도 따라가기 어렵다. 요즘은 또 다른 생각 하나가 속에서 스멀거린다. 어쩌면 앞선 이들을 따라잡아 그들 곁에 가까이 다가가는 일이 그저 꿈이 아니라는 생각이 든다. 남들이 비웃을지 모르지만, 그것이 통 불가능한 일만은 아닐 거라는 생각이 내 머릿속에 꽉 차 있다.

언젠가 꽃에 관한 책을 읽다가 평소 스쳐만 보던 할미꽃 이야기에 시선이 머물렀다. 할미꽃은 꽃이 필 때까지는 허리를 숙이고 있다가 꽃이 떨어지고 죽을 때가 되어서는 고개를 치켜든다고 한다. 그리고는 시들기 전 굽혔던 허리를 꼿꼿이 세우고 하늘을 향해 은발 같은 꽃술을 흔들고 섰다. 그런 할미꽃을 보면 나중 모습이 승자의 황홀한 춤사위 같아 볼수록 좋다. 내가 할미꽃을 닮았다는 것은 아니지만 어쩌면 어느 한 부분 그럴 수도 있겠다는 생각이 드는 것도 요즘 들어서다. 그 꽃의 일생이 가슴에 와닿는 것은 화려한 것과는 거리가 먼 소박한 모습 탓도 있겠지만, 그렇게 허리 굽혀 살아낸 할미꽃의 "슬픈 추억"이라는 꽃 이름과 꽃의 나중 모습이 마음에 들어서다.

● 초정집(楚亭集) 서문

문장은 어떻게 써야 하는가?
　반드시 옛것으로 모범을 삼아야 한다고 말한다. 그리하여 세상에는 마침내 옛것을 모방하면서도 부끄러운 줄 모르는 사람이 생겨나게 되었다. 이는 주나라 제도를 본떴던 역적 왕망(王莽)이 예악(禮樂)을 수립했다는 격이며, 공자(孔子)의 얼굴을 닮은 양화(陽貨)가 만세의 스승이 될 수 있다는 격이다. 그러니 어찌 옛것을 모범으로 삼을 수 있겠는가.

　아아! 옛것을 모범으로 삼는 사람은 낡은 자취에 구애되는 것이 병이고, 새것을 만들어 내는 사람은 상도(常道)에서 벗어나는 것이 탈이다. 참으로 옛것을 모범으로 삼되 변통할 줄 알고, 새것을 내되 법도가 있게 할 수 있다면, 지금 글이 옛글과 같을 것이다.

　박씨의 아들 제운(濟雲)은 나이 스물셋으로 문장에 능하며 호를 초정(楚亭)이라 하는데, 나에게 배운지가 몇 년은 된다. 제운은 선진(先秦), 양한(兩漢)의 글을 흠모하여 글을 짓지만, 옛글의 격식에 얽매이지 않는다. 그러나 진부한 말을 없애려고 애쓰면 혹 황당무계한 데 빠지기도 하고, 주장을 너무 높이 내세우면 혹 상도에서 벗어나는 데 가까워지기도 한다. 명나라 여러 문장가들이 법고(法古)와 창신(刱新)을 두고 서로 옥신각신 싸웠으나 양쪽 다 올바름은 얻지 못하고 함께 말세의 하잘 것 없는 데로 떨어져, 도를 돕는 예에는 아무런 보탬이 되지 못한 채 한갓 풍속을 병들게 하고 교화를 헤치는 쪽으로 귀결되고 말았거늘, 나는 이점을 두려워한다. 새것을 만들다가 공교(工巧)해지기보다는 차라리 옛것을 모범으로 삼다가 고루해지는 것이 나을 터이다.

공작관(孔雀館) 글 모음 自序

글이란 뜻을 드러내면 족하다.

글을 지으려 붓을 들기만 하면 어떤 좋은 말이 있는가를 생각한다든가 억지로 경전의 그럴듯한 말을 뒤지면서 그 뜻을 빌려와 근엄하게 꾸미고 매 글자마다 엄숙하게 보이도록 만드는 사람은, 마치 화공(畵工)을 불러 초상화를 그릴 때 용모를 싹 고치고서 화공 앞에 앉아 있는 자와 같다. 눈을 뜨고 있되 눈동자는 움직이지 않으며 옷의 주름은 쫙 펴져 있어 평상시 모습과 너무도 다르니 아무리 뛰어난 화공인들 그 참모습을 그려낼 수 있겠는가.

글을 짓는 일이라고 해서 뭐가 다르겠는가. 말이란 꼭 거창해야 하는 건 아니다. 도(道)는 아주 미세한 데서 나뉜다. 도에 합당하다면 기와 조각이나 돌멩이를 왜 버리겠는가. 이 때문에 도올(檮杌)이 비록 흉악한 짐승이지만 초(楚)나라에서는 그것을 자기 나라 역사책의 이름으로 삼았고, 무덤을 도굴하는 자는 흉악한 도적이지만 사마천(司馬遷)과 반고(班固)는 이들을 자신의 역사책에서 언급했던 것이다.

■

　옮긴 글 모두는 전문(全文)이 아니고 글의 한 부분을 발췌한 것이지만 따로 떼어놓고 읽어도 글이 무엇을 말하려고 하는지 가늠하는 데 무리가 없을 것이다. 글쓰기에 관한 연암의 생각이 어떠했는지 그 사유의 깊이가 얼마나 깊은지 나 자신을 돌아보곤 한다. 나는 이 글을 읽고 또 읽었다. 요즘 서점을 가면 국적을 가리지 않고 글쓰기에 관련된 책이 넘쳐난다. 나 역시 서점 책장 한 칸을 꽉 채운 글쓰기에 관한 책을 적지 않게 읽었다. 진정으로 내 마음의 눈을 뜨게 한 것은 그런 책이 아니라 이백 오십년 전에 썼던 연암의 글이다.

＊

　조선 후기의 문신 홍석주(洪奭周)가 평생을 외우고 다녔다는 후한시대 연독(자는 숙견叔堅)이 썼다는 글이다. "내가 일찍이 동틀 무렵이면 머리를 빗고서 사랑채에 앉곤 했다. 아침에 주역과 서경 주례(周禮)와 춘추를 외웠다. 저녁에는 안채의 섬돌을 서성이고 남쪽 다락에서 시를 읊조리고, 백가(百家)와 여러 사람의 것도 틈틈이 익혔다. 아득히 귀에 가득하고, 찬란하게 눈에 넘쳐서 어질어질 기뻐하며 혼자 즐거워하였다. 이때에는 하늘이 덮어주고 땅이 받쳐 주는 것도 몰랐고, 세상에 사람이 있는 줄도, 내게 몸뚱이가 있는지조차도 알지 못했다. 비록 고봉(高鳳)이 책 읽다가 폭우가 쏟아지는 줄도 모르고, 고점리가 축을 연주할 때 곁에 사람이 없는 것처럼 했다 해도 내게 견주면 댈 것도 아니었다. 또 스승을 모시고 공부한 뒤로는 자식으로서 불효에 빠지지 않았고, 신하로 불충에 떨어진 적도 없었다. 윗사람과 사귈 때는 아첨하지 않았고, 아랫사람과 사귈 때는 깔보지 않았다. 이제 죽어서 지하에 가 아버님과 먼 조상을 뵙더라도 부끄러워 얼굴을 붉히지 않을 수가 있다."

내가 글 쓰는 일

　나에게 글 쓰는 일은 밥 먹는 일과 같다. 한 이틀쯤 밥을 굶어보면 밥 먹는 것이 우리에게 얼마나 위대한 일인지 누가 가르쳐 주지 않아도 저절로 알게 된다. 그것은 습관이 아니라 인간의 본능이지만 요즘 나에게는 책 읽고 글 쓰는 일이 되어버렸다. 속이 비어있으면 밥을 먹고 싶은 것처럼, 나는 가슴이 비어있으면 허전해서 골초가 담배 생각하듯, 검은 활자가 눈에 어른거린다. 글 쓰고 싶은 생각이 간절해지는 것이다. 배고픈 고통은 밥을 통해 위로받지만, 내 마음을 위로하는 유일한 방법은 책을 읽거나 아니면 글 쓰는 일이다. 그 둘은 내가 힘들어할 때 나를 이길 힘과 지혜를 준다. 어쩌다 한 번씩은 책 속 주인공의 목소리에 놀라 정신이 번쩍 들 때도 있다. 그러면 느슨해진 정신으로 살아가는 나를 일깨워 또 다른 눈으로 세상을 바라보게 한다.

　작가란 세상과 사람, 자연의 모든 것에 관한 생각을 글로 담아내는 사람이다. 때로는 사회의 그늘지고 핍박받는 곳, 어떠한 관심도 받지 못하고 사라져 가는 것, 어떤 기억의 보살핌도 받지 못하고 잊혀가는 그런 것들을 살피고 기억해 주는 일이다. 내가 세상을 살아가며 느끼는 슬픔과 분노 의로움과 악함, 기쁨과 행복, 삶과 죽음, 그런 것을 찾아 글 쓰는 일은 내가 배고플 때 밥 먹는 것처럼 즐겁다. 또 하나의 즐거움은 이렇게 쓴 글을 모아 한 권의 책으로 출간하는 일이다. 그것은 산길을 가다 만나는 정성들여 쌓은 돌탑처럼 내 안에 돌탑 하나를 쌓는 일이다. 그런 작업은 언젠가 나 자신에게 들려줄 추억을 만드는 일이기도 하다.

밥을 먹어야 그 힘으로 몸을 움직이는 것처럼 내 마음을 움직이게 하는 것은 책 읽기와 글 쓰는 일이다. 체험이 아닌 누구에게 들어서 아는 것이나 머리로만 아는 것만큼 공허한 것도 없다. 그런 이유로 글쓰기에 관한 여러 분야의 책을 찾아 읽는다. "짧게 써라, 그러면 읽힐 것이다. 명료하게 써라, 그러면 이해될 것이다. 그림처럼 써라, 그러면 기억 속에 머무를 것이다." 나는 퓰리처의 이 말을 무슨 경전처럼 외우고 기억할 것이다. 나 또한 군더더기 없이 짧고, 겨울나무처럼 명료하고, 아름다운 풍경화처럼 기억되는 글을 쓰기 위해 내가 해야 할 일이 무엇이어야 하는지 고민해야 한다. 만약 그렇지 못하다면 남이 만들어놓은 길만 따라가는 그저 고만고만한 사람들 수준을 벗어나지 못할 것이다.

사람은 어떤 큰일과 맞닥뜨렸을 때 전율을 느끼고 심장이 뛰어 잠 못 이루는 경험을 할 때가 있다. 이런 일은 일상의 감정과는 분명히 다르다. 어떤 현상의 것이든 자신에게 폭풍 같은 사건이 한바탕 지나간 경험을 한 다음에는 원래 상태로 돌아갈 수 없다. 이 과정을 통해 내가 이전과 전혀 다른 세계, 다른 삶으로 들어가는 것이다. 그때부터는 세상이 달라져 보인다. 글 쓰는 일에도 그런 폭풍 같은 일과 여태 경험하지 못했던 어떤 커다란 것에 대한 충격이 있어야 한다. 처음 바다를 바라보는 우물 안 개구리의 심정을 경험해보는 일이다. 놀라움에 탄식을 쏟아내는 개구리의 마음이 되어보고 좁아터진 자신의 눈과 초라함을 엄정한 눈으로 돌아보아야 한다. 지금까지 나를 가두고 있던 울타리에서 벗어나야겠다는 마음을 불태워야 한다. 차츰 불어 가는 몸집에 따라 허물 벗는 뱀처럼, 때맞춰 나 자신을 키워나가는 것이다.

글 쓰며 늘 나의 부족함에 부대끼고 상처받고 슬픔도 느끼지만, 이 모든 것을 부정하려고 들면 더 힘들어진다. 내가져야 할 짐, 견뎌야 할 부족함이 있다면 그것도 끌어안고 가겠다고 작정하면 내 삶이 훨씬 나아질 것이다. 물에 빠졌을 때 허우적거리면 더 깊이 빠져들 듯, 글 쓰는 일도 잘 써보겠다고 나부대면 주체할 수 없이 엉뚱한 곳으로 빠져들 수도 있다. 나는 그런 느낌이 들 때 컴퓨터를 끄고 책을 읽거나, 그래도 답답하면 바깥으로 나가 집 가까운 공원에 올라 뒷짐을 진채 느린 걸음으로 산책길을 걷는다. 그것은 추운 겨울날 배관이 얼지 않도록 수도꼭지를 열어 조금씩 물이 흐르게 하는 것처럼. 글쓰기를 위한 회로(回路) 한 곳을 열어놓는 일이기도 하다. 이런 과정은 기름이 말라 작동이 시원찮은 기계(머릿속)에 윤활유를 뿌리는 일과 같다. 한동안 그러다 보면 생각지도 못했던 새로운 것들이 머릿속에 떠오르고 그러면 집으로 돌아와 책상 위 컴퓨터를 켜고 자판에 손이 올라가는 것이다.

끝을 맺으며

　오래전 나는 연암의 열하일기를 읽으며 그의 삶을 부러워했다. 인생 후반에서야 자신의 삶을 온전히 살아낸 것도 그렇지만 압록강을 건너 중국대륙의 열하까지 그 먼 길을 몇 달 동안 다른 것에 의지하지 않고 말을 타거나 두 발로 걸었다는 사실이 경이로웠다. 그렇게 오랜 시간을 걸으며 길에서 만났던 사람과 보고 들으며 생각한 것을 글로 써서 한 권의 책으로 묶어놓았다. 그것을 한 사람의 여행기로만 생각한다면 장님이 코끼리 만지듯 할 것이니 차라리 읽지 않은 것만 못하다. 연암이 한 일은 세상 누구도 쉽게 할 수 없는 일이라 부러움을 넘어 경외의 대상이었고 조선 최고의 문장가라고 해도 과하지 않다. 나는 두꺼운 몇 권의 책을 읽는 동안 그가 걸어가는 길을 함께 걸었으며 먹고 잠자는 일과 만나는 사람들, 들리는 곳곳마다 그림자처럼 따라다녔다. 그 시간에는 나의 사유 세계도 한껏 부풀어 올랐고 어떨 때는 그를 앞질러 가며 철없는 어린아이처럼 설쳐대기도 했다.

　그동안 쓴 글을 정리하며 문득 이런 생각이 들었다. 연암이 걸었던 인생길 전부를 아내와 내가 어쩌다 시켜먹는 피자 한 판에 비유하자면, 내가 연암에 대해 글 쓰는 일은 여러 조각의 피자 가운데 한 조각을 입에 넣는 것과 같을 것이다. 그 맛이 어떨지는 사람마다 다르겠지만 내가 먹는 피자 맛은 그 의미가 남다르다. 먹고 싶은 마음이야 늘 간절했지만, 내 처지를 생각하면 실제로 맛

볼 수 있을 거라고는 생각하지 않았다. 이제 그것을 입에 넣을 수 있으니 연암을 생각하며 비록 한 조각이나마 단물이 나도록 오래오래 씹을 것이다. 그 맛을 음미하는 동안은 오랫동안 꾸었던 꿈이 현실로 다가와 연암의 그림자라도 밟을 수 있어 행복하다. 그렇다고 연암이 먹었던 피자 향기와 맛을 그대로 느낄 수 있을 거라고는 기대하지 않는다. 비록 그 시대를 경험하지 못하고 연암의 나침판에 기대어 길가는 내 모습이 우습기는 하지만, 연암이 느꼈던 것과 비슷한 향기와 맛을 느낄 수는 있을 것이다. 비록 작은 한 조각일지라도 오늘 나에게는 피자 한 판의 의미로 다가오는 것이다.

사람이 무언가를 할 때 자기 자신을 의심하면서 일하면 원하는 것을 얻기 어렵고, 의심하면서 행동하면 뜻을 이루지 못한다. 다시 말해 사람들이 하는 말에 귀 기울이다가는 아무 일도 못 한다는 말이다. 자신의 길을 쇠 걸음으로 가는 사람은 그런 것에 신경 쓰지 않고 큰 뜻을 이루기 위해서는 뭇사람들의 시선에 흔들리지 않아야 한다. 나는 이 글을 쓰면서 여러 번 나를 의심한 적이 있었다. 그 이유는 수필가인 내가 지금 쓰는 글이 평론이나 산문, 그렇다고 평전도 아니면서 마음 가는 데로 쓴다는 것이 자칫 남에게 엉뚱한 치기(稚氣)로 보일는지도 모른다는 생각 때문이었다. 내가 어느 작품을 두고 비평한다거나 평론한다는 것은 생각해본 일도 없고 그럴 그릇도 못 된다. 처음 연암의 글을 읽을 때 그저 한 사람 수필가의 눈으로 읽었을 뿐이다. 지금 쓰는 글도 그렇다. 나 자신 깨달음을 위해 수행처를 찾아 방랑하는 수행승이라고 생각하며 썼다. 이름 있는 평론가나 비평가처럼 화려한 언어로 쓰지는 못하지만, 수필가의 눈으로 읽고 느낀 것을 말하는 것이 내가 할 수 있는 일이다. 다른 사람 글에 편승해 추켜세우거나 입에 발린 소리 할 일도 없다. 어떤 사람보다 객관적일 수 있다.

내가 사랑한 연암

2023년 8월 31일 발행

지 은 이 │ 이홍식
편 집 인 │ 이소정
펴 낸 이 │ 임창연
펴 낸 곳 │ 창연출판사
주   소 │ 경남 창원시 의창구 읍성로 36
출판등록 │ 2013년 11월 26일 제567-2013-000029호
전   화 │ (055) 296-2030
팩   스 │ (055) 246-2030
E－mail │ 7calltaxi@hanmail.net
값 16,800원
ISBN 979-11-91751-43-7   03810

ⓒ 이홍식, 2023

* 이 책의 판권은 저자와 창연출판사에 있습니다.
* 양측의 서면 동의 없이 무단 전재나 복제를 금합니다.
* 한국예술복지재단의 지원으로 출간을 하였습니다.